読顔力

一瞬の表情で心を見抜く技術

佐藤綾子

PHP文庫

○本表紙図柄＝ロゼッタ・ストーン（大英博物館蔵）
○本表紙デザイン＋紋章＝上田晃郷

プロローグ——「ホンネ」はすべて顔に表れる

「あのしょんぼりした顔を見ると、きっと昨日の会議提案は負けだったに違いない」

「あの人は育ちがいいネ。顔つきがおだやかだから」

「彼はきっとずるがしこい人だろう。あの抜け目のない顔を見ればわかるじゃないか」

　こんなふうに昔から、私たちの「顔」は、その人の性格や育ち（環境）や、感情を伝える大切な視覚情報の発信源として、かなり重要視されてきました。

　だからでしょう。

「商談を成功させようと思ったら、相手の顔色をよく見て話を進めないといけませんよ」

　と、「顔の観察」についても、その重要性が指摘され続けてきたのでした。

でも、パフォーマンス心理学の専門家である私から見ると、どの評価もどんな重要性の指摘も、「まだまだ足りない」と言いたいくらいです。

たとえば、この場合の「顔」を、まず誰が見てもパッとわかる「顔色」(文字どおり顔の色)に限定してみましょう。

「顔色」だけでも、次のような「見どころポイント」があります。

血色がいい。青ざめている。赤ら顔である。どす黒い。日焼けしている。黄色っぽい。皮膚がかさかさで白っぽい。あぶらぎって光っている。清潔か、不潔か……。

こんな単純な観察だけでも、その人が元気か、病気か。若いか、年寄りか。アルコール依存か。ヘビースモーカーか。屋外の仕事か。栄養良好か、不足か。睡眠不足か、充分か。ビタミン不足か。こまめな人か、無精者か、などというさまざまなバックグラウンドが私たちに伝わってきます。

単に「顔色」だけでも、実に多くの事柄がうかがわれ、「情報の宝庫」だということがわかるでしょう。

さらに、観察の視点を、「顔の表情」にまで広げたらどうなるでしょうか？

実はこれこそが、私の三十年以上にわたるパフォーマンス心理学研究での最大の関心事なのです。

「表情」が読めることの面白さ、便利さ、効率の良さ、楽しさ、と言ったら、それはそれは、筆舌に尽くしがたいくらい大きなものです。

私が、日本にまだ誰も先駆者のいない「パフォーマンス心理学」を開始したのは、一九八〇年のことでした。最初は、

「パフォーマンス心理学は、自己表現研究のサイエンスです」

と言っても、なかなか理解してもらえませんでした。

でも、一九八五年前後から、国会議員や経営トップのスピーチ指導などが増え続け、今ではテレビや新聞、雑誌などでの「表情分析」の依頼もたくさんあります。

「クリントンさんが関西のテレビに出演します。対話の中のどこで嘘が出現するか、指摘してください」

「M元防衛事務次官の証人喚問で、答弁の真偽《しんぎ》を指摘してください」

「食肉偽装事件の社長インタビューです。彼の心の動きを分析してください」

「タレントのSさんがドラッグで逮捕されました。謝罪会見のことばは本心かどうか分析してください」

「秋葉原無差別殺傷事件の犯人の性格を表情から分析してください」

などと、私が首相や国会議員、高官、経営者、タレント、犯罪者と、多種多様な人々の、さまざまな会見や演説から、表情を分析して真意を読み取る仕事は、おそらく数百回を超えているでしょう。

中でも印象深いのは、安倍元総理の退任と福田元総理の退任でした。

Nテレビ局とAテレビ局の依頼で、それぞれの記者会見のビデオで顔の表情を、〇・一秒単位の「ASコーディングシート」（AS：Ayako Sato の省略）

を使って分析した私は、それぞれ、安倍氏については「あと二週間ですね」、福田氏のときは「たぶん、あと三日でしょう」とコメントし、実際にそうなったのです。

周りの方々は、

「なぜ、わかったんですか？」

「なぜ、そこまで正確に当たるのですか？」

と、まるで腕のいい占い師を見るような眼で私を見ました。

残念ですが、私は占いではまったくのシロウトです。

しかし、「表情」の研究はプロです。相手の表情をどう解析したらその人のホンネがわかるかについては、おそらく誰にも負けない研究データと実績を積み重ねています。

逆に、伝える気持ちによって、どんな顔の表情が必要かについても、正確にお伝えすることができます。

だからこの成果が、きっとあなたの毎日の会社でのやりとりや、友達とのつきあいにも役に立つと思うのです。

顔の表情が存分に読みとれたら、第一に人生はもっと面白《おもしろ》いのです。第二に、会話も仕事も効率的になります。第三に、ムダな誤解や迷いが減ってストレスも減り、人づきあいがラクになります。

よい表情をつくれるようになることは、あなたの人生を大きく好転させるくらい重要なことです。

それなのにこれまで、こんないいこと尽くめの顔の表情について誰にでもわかるようにしっかりと書かなかったのは、専門家である私にとってはむしろ怠《たい》慢《まん》だった、という気さえします。

私の数十年間の顔に関する研究は、大別すると次の三つです。

(1)一般社会人の一瞬の表情の印象形成の実験
(2)ビジネスマン、医師、教師、国会議員らの会話に伴う表情分析
(3)社会人と大学生の表情トレーニング

このうち、本著で中心的に述べるのは(1)の「一般社会人の一瞬の表情の印象形成」です。採用する場面は、主としてあなたが日常身を置く場所。一瞬の表情で私たちはどんな印象を与えているのか、それをどう読みとるのかを考察します。

人の表情がわかると、

- 人と会うのが楽しくなる
- ことばに騙《だま》されて失敗したり、誤解したりすることがなくなって、ストレスが減る
- 正確に相手の気持ちが読み取れるので、相手に好かれる話し方ができ、よい自己表現ができる
- 相手とのコミュニケーションがよくなり、人間関係がよくなる

などのメリットが生まれます。

結局、正確な表情分析とその対処ができることは、人生や仕事の大いなる鍵と言ってもよいでしょう。


では、どんな顔の、どの部分の、どのような動きから、どうやってその人のホンネや性格の読み取ればよいのでしょうか？ そしてそれを、あなた自身の顔の表情づくりに応用するにはどうしたらよいのでしょうか？

これを明らかにしていくのが、本著の目的です。

さあ、顔分析の旅のスタートです。あなたに画期的な収穫があることを心から願ってやみません。

佐藤綾子

二〇一〇年一月吉日

読顔力

一瞬の表情で心を見抜く技術

目次

読顔力

一瞬の表情で
心を見抜く技術

1 まばたきの急増は？

——困惑と、ウソの図星

まばたき場面

不況のさなか、建築会社に勤めるYさんは、社内に飛び交うリストラの噂《うわさ》にどうも心が落ち着きません。

それだというのに、一年後輩のKさんは涼《すず》しい顔で仕事をしています。むしろ自信ありげな様子で、とくに心配している気配もない。

気になったYさんは、「君はよっぽど生まれつき度胸が据《す》わっているのか、実力があるのか、すごいね」。

Kさん、微笑《ほほえ》みながら、「いや、それほどでも」と首の後ろをかいてニコニコ。

「そうなんだ。もしかして、もうどこか行くところが決まってるとか？」

Kさん、とたんにまばたきをパチパチ。

実はこの話をYさんから打ち明けられた時、私にはすぐにその秘密がわかりました。

Kさんはおそらく、次に行くところがもう決まっているのです。でも、Yさんには、「会社がどんな状況になっても自分はここに残りますから、運命を共にしてまいります」といつも元気よく言っているとのこと。

なんという嘘《うそ》つきか、と思うのです。

読みとりヒント

私の実験室で積み上げた長年のデータでは、日本人二者の会話中の平均的なまばたき回数は、一分間あたり三七・三六回、約三七回です。

そして、このまばたき回数は、何か困ったことについて相手が話しかけてきた時、あるいは嘘をついていて、それについて図星をさされた時、とたんに増えます。

面白《おもしろ》い証拠なのが、私がNテレビ局に頼まれて分析した、来日時のクリントン氏が出演したテレビ番組の映像です。

国の政策などについてとうとうと述べていたクリントン氏ですが、話がモニカ・ルインスキー嬢との不適切な関係におよび、「奥さんには何と説明したのですか」と女性が質問した時、とたんにパチパチパチパチとまばたき回数が増えたのです。

「いや、とくにどうという説明はしていません」と言ったものの、まばたきは止まりませんでした。

私がNテレビ局の依頼で食肉の偽装についてその会社の社長の表情を分析した時も、「自分は偽装の指令はしてない」と言ったとたんにまばたきが増えました。「社員が勝手にやったので知らなかった」というのです。

「そんなことは絶対ない。彼の命令です」と私は番組の中で指摘しました。実際には一週間後、彼は自分の命令でやったことを全部暴き出される結果になったのです。

「なぜわかったのですか」と聞かれますが、まばたき回数の急増は、ドライアイとかエアコンが急にかかったというような環境変化は別として、会話の中で突然発生すれば、困惑《こんわく》と、嘘の図星に違いないのです。

あなたの対処法

ですからあなたは、相手がこんな急なまばたき増加を示したら、あまりこの人の今言っていることばを信用しないのが賢明です。

そして、もしもまばたきが突然増えた話題があなたに重要なことであれば、相手と同じ話を続けるよりもあなた独自で調査を進めるほうがいいのです。

突然にまばたきが増えるような会話をする人と長々話していてもその内容がホンネとは別のことが多く、結果としては、仕事の能率も上がらないのですから。

ポイント

まばたきの急増は、ウソと、図星をさされた困惑のサイン。見落すべからず。

2 表情がクルクル変わるのは?
――「うまく芝居をしたい」演技欲求

表情変化場面

クリントン元大統領は表情がくるくる変わることでも有名だった人です。あまりよく表情が変わるので、「ターキー」(七面鳥)などというあだ名がついていました。ターキーは考えが節操無く、くるくる変わる人にも使うようですが、クリントン氏の場合は、考えというよりは表情変化が非常に豊かなのでした。

ところが、一般の会社の中で表情変化があ、、、まりにも豊かな人には、必ず「隠された欲求」があります。

読みとりヒント

例えば八年前に町の小さな不動産会社のT社長と会った私は、彼が嘘をついているということがすぐにわかったのです。

T社長は盛んに表情を生き生きと面白そうに変化させ、目を大きく見開いたりして、「この土地は元某総理大臣が住んでいた土地で、環境もよく、何人も買い手がついている。急がないとあなたの手には入りませんよ」と言ったのです。

「入りませんよ」と言う時の声は、ちょっと低くてドスの利いた声でした。その時彼は、手に入らなくて大変だというように、眉《まゆ》の付け根を寄せて心配顔を作ったのです。そして、「こんな次第でこの土地は私の強いおすすめです」と言って、大きく口を開けて目を輝かせ、頬《ほお》の筋肉をぐいと上げて楽しそうな顔をしました。五十代の日本男性にしては非常によく表情筋が動いていました。

これがたった一分間のあいだにいくつもの表情変化になって表れたのです。

これだけ生き生きしてると普通の人は騙《だま》されてしまうでしょう。でも、私はすぐにそれが彼の「演技欲求」、つまり、うまく芝居をしたいと思っている気持ちの表れだということがすぐにわかりました。

あなたの対処法

表情筋も大脳の命令によって動く筋肉です。

ここは頼られるように見せよう、早く売れてしまうから手を打てと多少脅《おど》したほうがいいだろう、と彼の心は顕示欲求や支配欲求などのいろいろな欲求に支配され、結局のところ、売らんかなの最終的な目的に向かって表情がくるくると変わったのです。

私がただちにこの会社との取引をやめ、別の素晴らしい不動産業者とご縁ができ、そちらで無事に土地を購入したのは言うまでもありません。

ほどよい程度で表情筋が動くのは、私たちの生活がそこそこうまくいっていて、現実的なレベルの話をしていれば、まあ済むという時です。

ところが、望外の望みを持ったり、売らんかなとファイト満々になったりすると、意識的にその情熱がエネルギッシュに表情筋に命令を出し、表情はくるくると変わりだします。

私は長いあいだ、表情変化を研究し、それをメインテーマとした研究で心理学領域で博士号もいただいた人間です。

五年間、徹底的に多くの人の表情をビデオに録《と》り、〇・一秒単位で専門の「ASコーディングシート」を使って分析するという研究をやってきました。

その中で、私たち日本人が二者の対話中、いわゆる「無表情」、表情変化が止まっているように思われる時間は、一分間あたり二十八秒間だということがわかりました。

「あの人は無表情ね」などと言いますが、専門的には表情が何の感情も表さない止まった状態をニュートラル（中立）と呼びます。それ以外は、私たちの表情筋はたえまなく動いています。そうなると、二者間の対話中で一分間あたり三十二秒、つまり一分間の半分以上は表情が動いているというわけです。

生き生きした人は表情がどんどん動きます。素晴らしいことです。

でも、もしもあなたの目の前の人の表情があまりにもおかしいなと思うくらいくるくる変わったら、何かの演技をしていると気づきましょう。

あなたが上司に何かを相談して、上司が、「いや、任せておけ。それは僕にとってたいしたことではないから」と言いながらいつになく表情をくるくる変えたら、本当は彼は頼りになるふりをしていて頼りにならないというサインです。

早く相談相手を変えるに越したことはないでしょう。

また、あなた自身も生き生きと見せようと思うあまり、人に会った時にあまりにもクルクルと顔の表情を変え、微笑んでみたり目を見開いてみたりサービス過剰に表情を動かすのは、結局のところ相手を用心させてしまうでしょう。

「表情は活発に動かせ、しかしやりすぎるな」ということになります。

ポイント

表情がくるくる変わるのは、「うまく芝居をしたい」という演技欲求のサイン。だまされないようご用心。

3 下唇の舌なめずりは？
――無意識の焦りのサイン

舌なめずり場面

自己表現の実験をビデオ撮影していたときのことです。

ＤＶＤ製作会社のＹさんが、「この納期で間に合うかしら」と上司に言われて、思わず下唇《したくちびる》をペロッとなめました。

同じプロジェクトの仲間として参加していた私は、「彼は焦《あせ》っているな」、とふと横で心配になりました。

短時間のあいだに何度も下唇をなめるのは焦りのサインなのです。

わかりやすいのは、元防衛事務次官のＭ氏が嘘の供述を繰り返した時、たった二分間に舌なめずりは一〇回も出てきたのです。

Ａテレビ局の依頼で彼の表情分析をした私は、「彼は今、問い詰められて本当に焦っている。もうここで白旗をあげたいのに行きがかり上それもできずに、かわいそうなくらい焦っているのだ」と番組の中で指摘しました。

実際そのとおりで、M氏は間もなく追い詰められて表舞台から姿を消さざるを得ないことになってしまったのです。

読みとりヒント

普通の状況の中で舌なめずりは、よほど空気が乾燥して唇がカサカサしない限り、あまり現れません。でも、あなたの仕事仲間や部下がやたらに下唇をなめていたら、力量以上のことを押しつけているのではないか、無理難題を吹っかけているのではないか、と少し彼への命令や依頼についてチェックし直すのが賢明です。

焦りまくっている相手に何かを頼んでも、間違いが出たり、ろくなことがないからです。また、「できます」と言って、実際は内心「できないな」と思っている場合もあります。

あなたの対処法

相手の顔に下唇の舌なめずりが数回出たら、もうそれ以上追い詰めないという行動に出てください。

あなた自身も、ふと気づいて自分が下唇の舌なめずりをしているというような時は、あなたが思う以上に今抱えている課題が困難なのです。

自分の焦りの直接で具体的な原因は何なのかと、しゃべり続けないで話をやめて、しっかりと自分の心を見つめ直したほうが失敗が少なくなります。

唇をなめなめ次の行動に移ってしまうのは、本当に危険なことなのです。

ポイント

下唇の舌なめずりは無意識な焦りのサイン。
そんな人はあてにしないこと。

4 横への泳ぎ目は？

――隠された自信のなさ

横泳ぎ目の場面

ビックリしたことがあります。一級建築士でペンシルバニア大学を出たというN氏が私の事務所を訪ねてきた時のことです。

N氏は最初に相談に来るお客様たちがなかなか本注文をしないので収入が上がらない、という悩みを持っていました。

来客の心をつかめていないのです。私が大変親しい不動産最大手の会社の社長からのご紹介で、「佐藤さんに話せば何とかなるよ」と言われて私のもとに来たというのです。

さて、N氏は応接間に座るなり、「私は本当に素晴らしい建築家で自信満々だけれども、日本の人々がまだ私の腕を見抜くほど認識が発達していない。テレビのリフォーム番組に出る建築家なんて口がうまいだけで、実際に腕がいいとは限らないのですよ。売込みの口上手ばっかりでね」と言ったのです。

読みとりヒント

でも、その時、彼の目は右に左にとあてどもなく泳ぎだし、その動作が何回か繰り返されました。

ふと見れば、膝《ひざ》の上に組んだ両手の指も同じように左右への泳ぎ目につられて、少しずつ何回も組み換えられています。

これは実はN氏の自信のなさのサインなのです。

自信がない時、私たちは周りの人が何をしているかと気になります。

そのため、左右の状況を確認しようとします。そのような本能的な不安解消の欲求につき動かされて話をしている時に、つい右や左に視線が泳ぐという不安定な目の動きになって発生するのです。

あなたの対処法

あなたが仕事を組もうと仲間に話しかけた時に、相手が「いい話だ。僕も一役買いますよ」と言いながら泳ぎ目をしたら、まずストップです。

その人とタッグを組んでも、あまり実力がないのにつっぱったり、見栄《みえ》で「イエス」と言っているかもしれないからです。

あなた自身の問題としても、クライアントや上司に何かを頼まれて、「はい、力一杯やってみます」と言ったそのあとで、ちらりとでも横への流し目をしないよう気をつけましょう。

横に視線が泳ぐ動作が相手の目に入れば、「自信のなさのサインだ」と鋭い人ならきっと気づくでしょう。

ポイント

横への泳ぎ目は、隠された自信のなさのサイン。
見栄っぱりの可能性が高い。

5 上向きの泳ぎ目は？

——過去の回想のはじまり

上向き泳ぎ目の場面

私は「佐藤綾子のパフォーマンス学講座」という社会人のための自己表現能力養成のセミナーを持っています。そこで毎年決まってやるスピーチに、「今まででいちばん楽しかったことについて話してください」というものがあります。

いずれも過去を回想して話すことになります。その時、決まって皆さんが「えーと」と言うと同時に目を上に向かって泳がせます。

「エーと、いちばん面白かったことは、三か月がかりで企画した会社の創立記念のイベントに大きなお金を出してもらえた時かなあ。いや、アフリカ出張も面白かった」と言うたびに、スピーカーの目は斜め上方を見て仰《あお》ぐような泳ぎ目になるのです。黒目が上のほうへ泳いでキョロキョロします。

読みとりヒント

一般的に人間の視線は、今までに起きたことを思い出そうとすると、何か上のほうを探って見るような目つきになります。

実際にあったことを回想するのですから、とくに人に隠す必要もなく、しかも、それが楽しいことを思い出せというのですから何もはばかることもありません。堂々と一生懸命楽しいことを思い出そうとして、彼の目は上に向かって泳ぎ目になったわけです。

つい先日の私のビジネスパフォーマンスのセミナーでは楽しいことを思い出してのスピーチには、四〇人のビジネスマンが参加しました。

四〇人の大半が同じように上方向を仰ぐ目をしたので、私はむしろ笑いだしたくなるぐらいでした。

どうやら、過去を回想し、それがあまり悲しいことではなく楽しいことだと、上向きの泳ぎ目になる特徴があります。よい過去の回想サインと言っていいでしょう。

あなたの対処法

だから、もしあなたが、「君はモテてモテて身が持たないだろう。いったい今まで何回いい思いをしたんだい？」と聞いて、相手が「えー、そんなでもないですよ」と言いながら上のほうを見てキョロキョロすれば、あなたの質問は的《まと》を射たもので、彼には「身に覚えあり」の楽しい思い出があると判断してよいでしょう。

逆に、言いにくいことについてはこの方向に視線は動きません。本心を読みとられることへの警戒心があるからです。

昔から「男の目には糸を引け、女の目には鈴を張れ」ということわざがあるように、意思決定を目から読み取られることを避けて、目の動きを相手からかくしたのはこのためです。

あなたの同僚や友人がこんな上への泳ぎ目をしたら、大体はハッピーモードにあると思って、楽しく話を続けましょう。会話がポンポン弾《はず》んで楽しくなります。

誰でも心に自己表現欲求、つまり「もっと話したい！」という気持ちがあって、そのチャンスをもらうと嬉しいからです。

ポイント

上への泳ぎ目は、良い過去について回想しているサイン。
安心して会話を続けても大丈夫。

6 下向きの泳ぎ目は？

——「思案中です」のサイン

下向き泳ぎ目の場面

音楽事務所での出来事です。そのプロジェクトには実は、私も依頼者として参加していました。K社長が社員の一人に、「このイベントを二〇〇万円以内でホテルOでやることができるかしら。多分できるよね」。

部下はちょっと自分の足元のフロアを斜めに見下ろすような下向きの視線をして、しかも、目がキョロリキョロリと動いているのが、上まぶた（上眼瞼《じようがんけん》挙筋《きよきん》）の小さな動きで見えます。

少し伏し目がちになっていたので、ぼんやりとしていれば彼の目の動きを見落としてしまうのですが、ちょっと人の顔を注意深く見る癖がついている私にはよくわかりました。

よく他の人でも目を凝《こ》らしてちゃんと見れば、ほんの少し下向きになった上まぶたに黒目の上半分がかくれるような形で、黒目が左右にくるくると移動しているのがわかったことでしょう。

読みとりヒント

これは彼が思案中で、しかも、「もしかしたらそれは無理かもしれない」と思っているサインです。

自分の技量に自信がないので、パッと顔を上げて、しっかり相手の目を見て「できます」とは言えない。かつ、そのことを人にさとられたくないという欲求があるときの思案中は、下向きの泳ぎ目になるのです。

あなたの対処法

もしもあなたが会社で上司に配置換えの申請をして、「うーん、そうだね、多分できると思うよ。ちょっと今度の会議にかけてみようか」と言いながら上司が下向きの泳ぎ目をしたら、上司にとってもそれは自信がなく、かけてみると言ったけれども、もしかしたら思案の末、会議にかけないかもしれません。

あなたはそのくらいの覚悟をすべきところです。

もしもあなたがこの上司のこんな目つきに気づいたならば、もうちょっと頼りがいのある別の上司に相談するか、配置換えは今は言い出さないほうがよいと、もう少しタイミングを計ることをおすすめします。

思案中の人を追いつめると、逆効果になります。

ポイント

下向きの泳ぎ目は「思案中」のサイン。

自信がないので、追いつめてはいけない。

7 口もとだけ笑って目のまわりが動かないのは？ ——ウソツキ

ウソツキ顔の場面

ビジネスマンのSさんは、社内で自分が最も信じていた人に、「自分はこの会社にどうも合わない気がする。どこかほかの会社に移りたいと思う」と必死の思いで打ち明け、「ここだけの話なんだけど」と言ったのに、それはいつの間にか彼の上司の知るところとなってしまいました。

結果、Sさんは、「辞めたいと思いながらいてくれなくてもいいんだよ」と言われて職場での居心地がとても悪いものになりました。

そのことをまだ二十代のSさんから相談されて、私はウーンとうめきました。

Sさんが「ここだけの話」と言った時、相手は「大丈夫、絶対秘密は守る。僕は何といっても口が堅いんだから。第一、君とは同期入社で親友だし」と言ってニッコリ笑って微笑みかけたというのですが、それが実に曲者《くせもの》だと私は直感したからです。

口が笑っていた時、目は「しめた」というふうにSさんを見つめっぱなしだったのではないでしょうか。

実際にその場面にいなかった私はそれを聞いてみました。

Sさんは、「口もとのニッコリは覚えてるけど、目はどうだったか覚えていません」と答えました。

表情読み取りのプロである私から見れば、それが「甘い」のです。

読みとりヒント

私たちは嘘をつこうと思った時、比較的簡単に口のまわりの筋肉群、口輪筋《こうりんきん》を、意思にしたがって自由自在に動かすことができます。

嘘でも楽しそうに微笑んでみたり、愉快そうに大口をあいて笑ったりができるのです。

でも、その時に目まで楽しくするということはなかなか、訓練された俳優でない限りできません。

もっとも、生まれつきの「演技性性格」で「主人公願望」の持ち主が罪を犯した場合などは、口も笑って目も笑って、実際にはとんでもない犯罪をしているということはままあることです。

でもそんな例外をのぞくと、私もこれまで、刑事事件が起きるたびにいやというほど多くのテレビ局で嘘をついている人の分析をし、毎回図星でした。口だけ笑って目のまわりが動かないのは、嘘つきの最もわかりやすいサインです。

これについて最も専門的に研究した最初の人は、フランスの神経学者デュシエンヌです。

彼は実験者の顔にさまざまな電極を張り巡らし、刺激を与え、その刺激で目のまわりの筋肉の総称「眼輪筋《がんりんきん》」、口のまわりの筋肉の総称「口輪筋」もよく動くことがわかったのです。

電気刺激によって微笑みや笑いに似た表情を起こすことができることもわかりました。けれど、本当に面白いことがあったという時は、顔の下半分も上半分も同時に、楽しい喜びの感情で動き出すのです。

ところが、口だけが動いて目が動かないときがあります。これが専門的には「顔面統制」、あるいは「表情管理」と呼ばれるものです。

ふつうの人は、笑いを作って、いい人に見せようと思っても、口のまわりだけが活動し、目がついてこないのです。

一八六二年、デュシェンヌはこう書きました。

「偽りの喜びである嘘の笑いでは、大頬骨筋《だいきょうこつきん》が動くけれど、眼輪筋を収縮させることができない」

嘘発見器と呼ばれるポリグラフ検査では、呼吸の運動波、皮膚の電気活動などを調べますが、まばたきを測る場合もあるのはそのためです。

嘘をつく場合は、質問が始まったあと、最初にまばたきが出現するまでの時間が普通の場合よりも長いのです。そして、質問に答えたあと、まばたきも減るのです。だから、口は笑って目はまばたきということもあります。

あなたの対処法

相手の顔にこんな上下チグハグな動きが見てとれたら、あなたはとにかくその人を信用しないことが肝心です。

いい話を持ちこまれた場合でも、まずは半信半疑で、しっかり真実がわかるまで軽はずみな返事をしないようにしましょう。

よく言う「お世辞笑い」がまさにこれですから、あなた自身もあまり口だけの笑いをしないことをおすすめします。結局は信用が下がることになりかねません。

ポイント

口もとだけ笑って目のまわりが動かないのはウソツキのサイン。
軽はずみな返事は厳禁。

8 アゴを上げ鼻腔をふくらませるのは？

――優越と得意の絶頂

アゴと鼻の場面

某大手製薬会社の廊下で、ばったりと五年ぶりにHさんと出会いました。

「お元気ですか」と私。

「いや、なにしろ忙しくてね。次から次へと仕事に追いまくられて、もううんざりするくらいですよ。昨日も寝たのが一時だったし、このあいだなんかパリまで出張して調べ物をしてきてね」

「あら、そうですか。景気がよくていいじゃありませんか」

「いやいや、いいなんてものじゃない。なにしろここまで大変だと、困ったというのが正直なところですよ、アハハ」と、私たちは別れたのです。

読みとりヒント

でも、私には、Hさんがちっとも困ってはいない、むしろこの低迷する経済の中でぐんぐん自社の新薬が売上げを伸ばしていて、しかも、それには自分の努力によるところが多分にあるのだと思っているに違いない。本当はそう言いたいけれど、困る困ると言ったのだということがよくわかりました。すべては、彼の顔からです。アゴを心持ち上げ、鼻の穴がぽわんとふくらむ、いわゆる鼻腔《びこう》をふくらませるという顔をしていたのです。

これは優越感のサインです。「どうだ、偉いだろう。自分はうまくいっている。君より上だぞ」と言いたい時に、何人かの人がこの顔をします。「忙しくて困る」とか「手に負えない」と言いながらアゴを上げて鼻腔をふくらませるのは、大体の場合は、「自分は成功している。君はそうではないだろう」という気分によるものです。

成り上がりだとか、今までダメだったけれど何かの幸運で急によくなったりした人の多くが、アゴを上げ、鼻腔をふくらませる優越の表情をします。

心理学的にいえば「自己高揚的自己呈示」、つまり自分を必要以上に持ち上げた自己表現をしているのです。

「認めてほしい！」、それが彼らのホンネです。

あなたの対処法

もしもあなたの友人や同僚がこんな顔をしたら、

「多分、彼は長いあいだ苦労してきて、やっとここで報われたんだから、まあ、よかったじゃない」

と大らかに受け流してあげるのが賢明です。

「あんなに偉ぶらなくてもいいのに」などとカリカリする必要はまったくありません。

なぜならば、もともと実力があって、そのゆえにしだいに成績がよくなった人は、こういう顔をしないからです。

「おえらいですね」とか、「まあ何と素晴らしいことではありませんか」と、たっぷりと彼らを持ちあげてやるのがいちばんです。

あなたのその対応で、彼らは自分の「承認欲求」がみとめられて幸せな気持ちになり、ほめてくれるあなたに好感を持ちます。

あなた自身には、当然ですが、こんな顔はおすすめできません。

観察眼の鋭い人はすぐにあなたのアゴや鼻の穴の様子に気付いて「よほど認められたいのだろうな」と、内心かわいそうに思ったり、軽く見たりするからです。

ポイント

アゴを上げ鼻腔をふくらませるのは「優越と得意」に浸っているサイン。その人にはほめるのがいちばん効く。

9 口の両端だけを小さく上げる笑いは？
――「社交的余裕」なのです

社交的スマイルの場面

小泉元首相は郵政改革について何度も何度もテレビで野党の厳しい質問を受けましたが、当時、私はいくつかのテレビ局の依頼で小泉氏の表情分析を何十回となくしてきました。

その彼の表情には大きな特徴がありました。

自分にとって相当ひどい質問や明らかに馬鹿げた質問を聞く時でも、口の両サイドの筋肉、「口角挙筋《こうかくきょきん》」を軽く引き締め、唇の両端をちょっと上に上げ、小さなボートの船底型のような唇の上下のライン（リップライン）を作って、「フムフム」と聞いていたのです。

読みとりヒント

これは、

「聞いていますよ。あなたの言うことはなかなか面白い。その質問によって私はちっとも困っていない。なるほど面白い質問ですね」

というサインになって、質問者にもテレビを見ている人たちにも、「あの人はなんと余裕があるんだろう」と受け取られます。

トゲトゲもしていないし、たいしたものだ、大物だ、というわけです。実際にその話の内容を聞いているかいないかは本人しか知る由《よし》もありません。

しかし、とにかく、「口角挙筋」はいつも上がっていたのです。

もし嘘だと思うなら、どうぞ今から小泉氏の当時の答弁の様子をビデオで見てください。私が言っていることがすべて真実だということがおわかりいただけるでしょう。

この口の形は、「聞いていますよ、大丈夫」という余裕のサインなのです。

しかし、この余裕のサインは本当に余裕があるわけではなく、「社交的余裕」

のサインです。

これは人とネゴシエーションをしたり、プレゼンテーションで激しい質問を受けねばならない時のあなたにぜひおすすめです。

あなたの対処法

相手の質問に挑発されずに、ちょっと口角を小さく引き締め、ボートの船底のようなリップラインを作って上に上げ、ウンウンウン、フムフムフムというような感じで、柔らかな目線で相手を見返していてください。

余裕のある人だと思われます。その顔で相手を安心させておいて、その間にあなたはどう反撃するかを考えたらいいのです。

ポイント

人の話を聞くときは口の両端だけを小さく上げて、「社交的余裕」を見せるのが得策。

10 口を大きく開けた笑いは？

——愉快な気持ちの表れ

大口笑いの場面

電車の中で都内のＯ百貨店の総務部長Ｍさんを見かけました。彼は、隣の吊《っ》り革にぶら下がっている同僚か部下の男性に対して何か話をして、大きな口を開けてワッハッハと笑っています。よほど愉快なのでしょう。これならば声をかけても大丈夫だろうと思った私は、「お久しぶりです。こんにちは」と途中から声をかけました。

Ｍ氏は、「いやあ、綾子先生、本当に久しぶり、ワッハッハ。なにしろね、この不況だというのに、このところ売上げが伸びてきたのですよ、ウッフッフ」。

笑いが止まらないとはこのことです。

読みとりヒント

口の中を見せるのは人間にとって無防備の証《あかし》です。それは自信がある時しかできないスマイルのしかたなのです。

私が俳優さんにスマイルトレーニングをする時、よほど丸顔で、縦長に見せたい場合に、上の歯と下の歯のあいだを少し開けて口を開けたスマイルをおすすめすることがあります。

でも、一般的には口をあまり大きく開けて笑うのは、なんとなく大胆な人という感じになります。

しかし、実際に快感が心からこみ上げる時、ビジネスも家庭も体調もすべて万全という状態で、さらに愉快な話など聞くと、この大口笑いが生まれます。自信満々、愉快でたまらないという時は、口を大きく開け、かつ頬の筋肉の大頬骨筋に力をぐっと入れてもちあげて筋肉がしっかりくっきりと盛り上がっています。

あなたの対処法

こんな笑い方をしている人に会ったら、安心して仕事をお願いしたり、相談事を持ちかけたり、取引の対象にしたりすることができます。

さてあなたも、何か内心は困ったときでもアッハッハと声を出しながら、大きく口を開けて豪快に笑い飛ばしてみませんか。思いきってそんな顔で笑ってみましょう。意識的にそうすることで、パフォーマンス心理学で呼ぶ「対自効果」(自分に対する効果)も働いてきます。

「してやったり」表情が、素晴らしい快挙を成し遂げた過去の快感の体験をあなたの脳に逆にフィードバックして、それが愉快な気持ちをあなたに呼び覚ましてくれることもあります。

ポイント

見て安心、やって安心、の大口笑いは絶好調のしるし。

11 鼻に寄ったたてジワやよこジワは？

――嫌悪と軽蔑

鼻にシワを寄せられた場面

コンピュータのプログラミングを担当しているG氏は三十代前半です。彼は素晴らしく仕事ができるので、私もいくつか仕事の依頼をしている仲間です。その彼が最近、同業者でぐんぐん業績をあげて品川の素晴らしいビルの一室にオフィスをオープンした専門学校時代の友人に会ったとのこと。近況をたずねたら「鼻にシワを寄せて、鼻の穴に力を入れて上に持ち上げて、息がフンと聞こえるような感じがする返事をしたんです。なんだか軽蔑《けいべつ》されたような気持ちだ」と憤懣《ふんまん》やるかたない様子です。

読みとりヒント

G氏はなかなか感覚がよろしい。実際そのとおりなのでしょう。鼻にシワを寄せて相手を見るとき、それは嫌悪《けんお》の感情、あるいは軽蔑の感情を表すことがほとんどです。嫌悪感はまず、どんな顔に出るのでしょうか。

上唇が引き上げられます。下唇も一緒に上唇のほうへ押し上げられるか、あるいは逆に下唇は下げられて、わずかに突き出るようになります。

鼻根に縦ジワや横ジワが寄る、頬が持ち上がる、下まぶたの下にシワができて、上眼瞼挙筋を使ってまぶたがギュンと押し上げられる。

しかし、驚いた時のようにピンと張ってはいない。

ちょうどG氏が言うようにこんなふうに鼻にシワが寄っているのは、怒りや軽蔑の最もわかりやすいサインなのです。

「フンと鼻息が聞こえた気がする」というのは、鼻にシワが寄ったうえに鼻腔を膨らまして上に持ち上げたので、そこから空気がフーッとこぼれるような感じがするから、「フンと鼻を鳴らした」などという言い方が生まれたのに違いありません。

唇の両サイドのうち、どちらか一方だけを上げたり下げたりして、それを鼻のシワと一緒にする場合もあります。

以前、某元首相がこの唇の両サイドの片側だけを上げて、鼻にシワを寄せる顔をよく国会答弁の最中にしました。相手を軽蔑しているようで、実に印象が悪かったものです。私は新聞やテレビで何度もそのことを指摘しましたが、ついに最後までご当人のこの癖は直りませんでした。残念なことです。

あなたの対処法

あなたが上司や部下の顔に嫌悪や軽蔑のサイン、つまり鼻のシワ寄せを見つけたら、何か誤解がある場合は、早くそれを解く努力をしましょう。無視しても仕事に差し障りのない相手なら、見て見ぬふりも一つの手です。軽蔑され、嫌悪されている時、何を言ってもマイナスに取られることが多いからです。

ポイント

鼻にシワを寄せた嫌悪と軽蔑顔の相手は、無視するのがいちばん。

12 眉間のシワは？
――口に出せない「ノー」

眉間にシワが走った場面

車の営業部門にいるＩさんは上司に、「売上げを拡大するために新しい営業施策を具申してくるように」と命令されました。そこで彼は徹夜もまじえて一週間かけて、ずいぶんと苦労しながらＡ４用紙一〇枚の具申書を書いたのです。

上司はその資料を受け取った時、「ああ、ずいぶん頑張ったんだね」と言いました。けれど、眉間《みけん》にはピクリと縦のシワが走ったとのこと。

彼はなんだかそのシワが気になっていましたが、これから検討してよい返事をくれるというので一週間待っていました。

一週間のあいだ、どうも落ち着かず、まだかまだかと思い、「さてはあれはダメだったのか、いや、よかったかもしれない」とキリキリと胃が痛む思いでした。

結局、十日目に上司は、「あれはどうも、自分はいいと思ったけれど、ほかの部長たちから『実現不可能じゃないか？』と反対意見が多くてね、ダメになってしまったよ」。

これを聞いたIさんはガックリ。

「そうならそうと一週間前に言ってくださいよ。一週間、心ここにあらずで仕事をしなければなりませんでした」と言いたいのをグッとこらえ、下唇を噛《か》みしめました。

読みとりヒント

実は眉間のシワは、私が今、籍を置いている日大芸術学部演劇学科の舞台練習などでもよく使う、口には出せない「ノー」のサインなのです。

何か言われた時に、ピクリと眉間にシワを寄せる。専門的には皺眉筋《すうびきん》（「しゅうびきん」とも呼ぶ）、眉と眉のあいだの部分の筋肉です。

そこに縦ジワが一本、あるいは三本寄る。それは、実際に今、目の前に起きていることは困難だったり不愉快だったりしてノーと言いたいのですが、今すぐノーと言えないという葛藤《かっとう》の気持ちを表しています。

「はっきりノーと言ってしまったら、相手はガッカリするかもしれない。でも、これはなんだかあまりいいとも思えない。一週間徹夜をしたというのだから、いきなりノーも気の毒だろう」

それが上司の眉間のシワの理由でした。

もし彼が最初にこの眉間のシワに気づいていれば、一週間集中してほかの仕事に力を注ぐこともできたのでした。

あなたの対処法

イエスかノーかと聞いて相手の顔に眉間のシワが見えたら、

「これはどうもあまり望みがない」

とさっさと次の対策を講じることです。

あなた自身も、人から何か言われた時に面白くないなと内心思えば、思わずそれが眉間のシワになって表れますから、時々鏡でチェックして、いやなことがあっても眉間にシワを寄せないように努力してください。

困ったことに、眉間のシワは何回もやっていると癖になって、実際に困ったことが起きていない時でも縦ジワが取れなくなってしまことがあります。とくに女性の場合、美容の面からもよけいに要注意です。

ポイント

眉間にシワをよせるのは「口に出せないノー」のサイン。
それがクセにならないように注意しよう。

13 突然の目の見開きは?

――良くも悪くも驚きの表れ

「目テン」の場面

証券会社勤務のN氏は、まだ若いけれど気転が利いてやる気もある部下を日頃から優秀だと思っていました。N氏は彼に、「来週ベトナム出張を頼むね」と言いました。

N氏は、力を発揮する素晴らしいチャンスを部下に与えてあげたつもりでした。大喜びするだろうと思っていました。ところが部下は、上まぶたにギュッと力を入れて目を大きく見開きました。よく言う「目がテン」になったのです。

即答で「ありがとうございます」でもなく、「ハイ」だけ言って部屋を出て行った部下を見て、N氏は「何だか変な奴だな」と思ったとのこと。

読みとりヒント

私たちは何かに一瞬びっくりしたとき思わず目をまるくします。でも、この驚きの感情を何かの事情があって、かくさなければならないとき、驚きの表情をすぐに何か他の感情を表す表情にかえてしまうので、一瞬の驚きは、よく見ていないと見落とします。驚きには正確には次の五つの特徴がはっきりと表れます。

(1)眉が引き上げられ、そのため両眉は湾曲して盛り上がる。
(2)眉の下の皮膚が引き伸ばされる。
(3)額に水平の横ジワができる。
(4)まぶたが大きく見開かれる。白目が虹彩《こうさい》の上に、時には下にも見られるようになる。上まぶたが持ち上がり、下まぶたが下に引っ張られる。
(5)アゴが下がって、唇と歯が引き離されて開口する。しかし、口は緊張しておらず、押し上げられてもいない。

さて平たく言いましょう。ちょうど白目の真ん中に黒目が目玉焼きのようにくるりと見えて、ドキッとした感じが伝わるのが驚きの表情です。

でも、この驚きの表情は一秒にも満たないので要注意。

驚いた次の瞬間に何気ない微笑みに変えてみたり、驚いたあとすぐに悲しくなって泣きだしてしまったり、ハッと驚いたその一瞬は一秒にも満たず、十分の一秒にも満たない場合もあります。

これは専門的には「マイクロ・エクスプレッション」と呼ばれる微細な表情変化です。だから、つい見落とすのです。

驚いた次に恐怖に変わったり、驚いた次に微笑みに変えてごまかしてみたりというように、驚きのサインはとにかく一瞬しか現れません。

あなたの対処法

あなたはしっかり相手の顔を見ていて、一瞬でも驚きのサインが現れれば、何か今の話の中に相手にとって不都合なことか、予想外のいいことがあったのだと早く気づくことが重要です。

たとえばあなたが、車のセールスをしていて、お客が「安いですね。買う方向で検討してみますよ」と言ったとき、相手の顔をよく見てください。お金の話をした時にパッと目を見開いたら、相手の本心は「え、こんなに高かったのか」という驚きと思ってよいでしょう。

安くて驚くときは大っぴらに「ホラ！　安いですね」とこちらも受けることができますから、相手は顔に表情統制をかけません。

「高い！」というのを、体面上言いにくいときに統制がかかるのです。

一瞬でもそれに気づいたら、その驚きに対するフォローを大急ぎでやりましょう。「安いローンも組めますからね」という具合に。そうしないとセールスについやした時間が全部無駄《むだ》になってしまいます。

ポイント

突然の目の見開きは驚きのサイン。
その一瞬を見落とさずに即対処しよう。

14 ほんの少し眉が「八の字」で、唇が「への字」になるのは？

――深い悲しみ

三角眉の場面

日頃から、「毎日忙しくて大変だよ。暇になったら簿記の学校に行って、もう一度簿記三級から勉強するのが夢だね」と口癖のように言っていたTさんが社長室から出てきたら目つきがどうも変です。眉の内側の両端が上に引き上げられて、簡単に言えば富士山の三角形のような微妙な形になり、しかも唇の両端が下がっているのです。

読みとりヒント

子供が泣きべそをかく時の顔を思い出してください。あれほど極端ならば、「ああ、悲しいんだな」と誰でも気づくでしょう。ところが、大人の顔には「悲しみをそのまま見せたくない」と思う表情統制がかかるので、あからさまにこんな顔はしないのです。

でも、眉の内側がちょっとだけ引き上げられて、唇の両端がちょっと下がった時、その人は何か大きな悲しみを抱えているか、悲しみに耐えているかのどちらかです。

あなたの対処法

もしもあなたが相手のそんな表情に気づいたら、さっと話題を変えることです。Tさんの場合は、自分の想定外にずいぶん早く定年退職の勧告を受けて、それがショックだったのです。

病気の発覚、家族との突然の別れ、ペットロス、思いがけない場所への転勤命令、仕事をしている中で悲しいことはいくつもいくつも起きてきます。その表情を相手が浮かべた時にあなたはそれを見逃さないことです。そういう顔の相手に得意がって景気のいい話ばかりしていると、あなたは相手に嫌われたり、恨《うら》まれたりすることになるからです。

もちろん自分自身に悲しいことがあった時、あなたの顔は自然にこのような富士山の三角形のような眉をし、唇の両サイドが少し下がった顔になります。それを誰かが見ていて慰めてくれるかもしれませんが、仕事の中でこの顔をするのはあまりおすすめできません。

なぐさめてくれる人だけならいいのですが、〝こんな時は何か頼んだり譲歩させたりするのにいいチャンスだ〟とつけ入る人もいるからです。おおっぴらな悲しみの表情はプライベートな場面ですることにして、職場ではあまりおすすめできない顔です。

もっとも、部下を励《はげ》ます時に、「君がもう少し早く仕事をしてくれないと、僕も本当に悲しくなっちゃうよ」と言いながらこの顔をするのは大いに有効です。

ポイント

ほんの少しでも眉が「へ」の字、唇が「八」の字の悲しみ中の相手には、景気のいい話はしないほうがよい。

15 「頬キュン・目尻デレッ」は？
――喜びと愉しさ

頬キュン・目尻デレッの場面

N放送局で番組作りのために打ち合わせをしていたら、そばに座っていたH氏の頬がなんだか盛り上がっています。

頬が盛り上がっているのに目じりは下がっているのです。よほど何か嬉しいことがあったのでしょう。「何があったのですか」と聞いたら、一年間のイギリス出張が決まったというのです。

H氏は英語が得意で、イギリス文化に大きな関心があり、日頃からイギリスに出張したいとよく言っていましたから、今回の出張命令が本当に嬉しくてたまらないらしく、仕事の合間にこんな顔つきがこぼれ出ていたのでした。

読みとりヒント

嬉しいことがあっても周りへの遠慮があって、「嬉しい、嬉しい」と大っぴらに言えない時があります。ライバルが目の前にいたり、逆境にある同僚がいたりするときです。堂々と「イギリスに一年転勤だ」とは言いにくいものです。

本当は高い物件を交渉によって安い値段でまとめられそうなときも、喜びを何とか嚙み殺してかくそうとします。あからさまには喜ぶと不利になると思うからです。

でも、頰の筋肉は盛り上がり、目じりが下がってしまうのです。人間の表情筋は実に正直です。感情のとおりに動いてしまう。

あなたの対処法

職場で誰かがこんな顔をしていたら、あなたにとっては何かを頼んだり、親しい友達になったりするグッドチャンスです。

日頃、話したいなあと思っていた人だったら思いきって話しかけてみたり、どこかに行かないかと誘ってみたりしてみましょう。

さらにあなたが彼と仲良くなるためには、「何かよほどいいことがあったのですね。聞かせてもらえませんか」と持ちかけてみてください。相手は、待ってましたとばかりに話し出します。

お互いのコミュニケーションが快適に進んでいくコツは、「相手が話したいことを聞け」、これが私がいつも自分のセミナーで教えている原則です。

大頬骨筋が盛り上がり、目じりが下がっていたら、嬉しいことがあるのです。ジャンジャン質問をして喜ばせてあげましょう。

また、あなた自身も不景気な顔をしていないで、こんな顔をして会社の中にいてください。多くの人が話しかけに来て、自然に人脈ができていきます。

ポイント

「頬キュン・目尻デレッ」の人には、相手の話したいことを聞け！

16 頬の筋肉だけが盛り上がるのは？

——「してやったり」

してやったりの場面

M子さんは入社して六年目のキャリアレディです。上司のT部長は細かいことまでいちいち文句を言うタイプ。しかも、その注意のしかたが嫌味としか思えないような長ったらしい叱《しか》り方だというので、M子さんはかなり腹が立ったり悔しかったり悲しかったりしたようです。私に何度か相談に来ていました。

そんな矢先、T部長のお供でM子さんは同じ車に乗ることになりました。お得意先に行った帰り、呼ばれたタクシーにボンとT部長が乗り込んで、M子さんも「隣に座れ」と言われて座ったのです。

T部長は、「まったくこの会社、ケチでいやになっちゃうのさ」と言いました。もちろん運転手さんの耳にも入っています。でも、彼は、タクシーの運転手だと思っているので、とくに遠慮もしなかったとのこと。

ところがなんと、この車は先方の会社が用意した車。運転しているのはお抱えの運転手さんだったのです。つまり運転手さんもお得意先の社員だったというわけです。T部長はそれに気づいて大慌《おおあわ》て。汗を拭《ふ》いたり、頭をかいたり、見ていてみっともないほどの慌てぶりだったというのです。日頃、嫌味ばかり言っているT部長ですが、こんな失態をやらかして、「見ていてお気のどくでした」とM子さん。

読みとりヒント

そのM子さんの報告を聞いて、彼女の顔を見ていた私は「あれ?」と思いました。M子さんはいつに似合わず、頬の筋肉がぐいんと前方に盛り上がっているのです。彼女の本心は「本当にいつになくスカッとしたのです」と言いたかったのに違いありません。口元もキュッと引き締められて、「お気のどくでした」ということばとはまるで違う力強さです。

長いあいだ恨みを持っていたりした相手が何かミスをした時、私たちはこういう顔をします。「してやったり」のサインです。

あなたの対処法

相手が、「お気のどくだった」「残念だった」「困ったことだ」と口では言いながら、思わず頬の筋肉がグインと盛り上がるのを見たら、「これは、ことばと感情は逆だな」とすぐに気づきましょう。困ったり残念がったりする時には決して大頬骨筋は盛り上がらないからです。ことばにつられないことです。

そこにいない第三者の話でこんなことばと感情が出たら、あなたはいち早くその第三者と目の前の相手の関係はあまりよくないと気づきましょう。

また、あなた自身も同情したり悲しんだりする時には、本当に心からそう思わないと、頬の動きは驚くほど正直です。

ポイント

人の失敗に口では同情していても、頬の筋肉が盛り上がっていれば、心の中では「してやったり」と思っている。

17 顔中の筋肉が垂れ下がるのは？

――「ただ今、放心状態」

垂れ下がり場面

「会社の同僚がなんだか変です」と、通信系の会社で係長になったばかりで私のセミナーの生徒であるSさんが、「先生、どうしたらいいでしょう」と相談に来ました。

なんだか顔じゅう垂れ下がっている、というのです。

「何を聞いてもウワの空の返事しか返って来ないので、ウツかもしれない。彼と僕は今度いっしょの仕事をコンビでやるから心配です」

「え？」と聞き返し、よく説明してもらったのですが、彼が垂れ下がっていると言ったのは、実は頬の筋肉、正確には大頬骨筋と小頬骨筋に力が入らず、口のまわりの筋肉の総称、「口輪筋」も全部力が抜けているため、筋肉は重力のままに勝手に下に下がっているという感じがしたのに違いありません。

読みとりヒント

唇の両サイドを下に向かって引き下げていく筋肉は「口角下制筋《こうかくかせいきん》」です。上に上げるのは口角挙筋や小頬骨筋と大頬骨筋です。元気がない時、パワーがない時など、腹筋や背筋と同じで、筋肉は勝手に下に下がりたがります。下に下にと下がってダレていくのが筋肉の特徴なのです。

そこでもしもこれがお腹ならば、私たちは筋トレをします。「えいや、はっほ」などと掛け声をかけて、毎日腹筋何回、背筋何回と自分に強制します。ところが、顔の筋肉にはそれをやりません。だから、喜怒哀楽の感情がきちんと脳に伝達されない時、表情筋もだらりと力が抜けます。それが「垂れ下がっている」と彼が言った状況なのです。

つまり同僚は放心状態なのです。何かよほどひどいことや手に負えないことが起きたのでしょう。今はボーッとしているのです。

あなたの対処法

相手がこういう表情のときに、「どうしたんだ、どうしたんだ」とあまり突き止めてはいけません。少し気長に様子を見てあげましょう。

あなた自身も何かひどいことがあった場合、おそらくこの表情をしているでしょう。でも、そんな顔をしていると頼りにならないと思われますから、会社の中では表情筋にはしっかり力を入れていてください。

「元気ないな、落ち込んだなあ」と自分で感じたら、ただちに顔の筋肉に「エイヤッ」と合令をかけて上に向かって大きく動かしましょう。気持ちの上でも元気が出てきます。

ポイント

顔中の筋肉が垂れ下がっている放心状態の人は、そっとしておくのが得策。

18 眉がほんの少しつり上がるのは？

――押し殺した怒り

眉つり上げの場面

上司と一緒に商談に行った入社二年目のD君は、印刷系の会社の営業部員です。上司は辣腕《らつわん》でならした人であり、そばにいると何かと勉強になるというわけでD君を連れていったのでした。

ところが、お客様との会話の途中で、上司がギュッと眉をつり上げました。なんだか下のまぶたが盛り上がって、目が少し細くなって眉だけが上がっているような感じです。

「あれ？」とD君は思いましたが、あとの祭り。実際は上司が一生懸命に「今、注文が殺到していて、さばくのが大変だ」という趣旨《しゅし》のことを言っているのに、D君はまるきり反対のことを言ってしまったのでした。それによって相手に実情がわかってしまったのではないか、と上司は焦ったのです。

でも、クライアントが目の前にいるのに、D君の方に向きなおって「このバカ野郎」と怒鳴《どな》りつけるわけにもいきません。それで思わず眉が上がり、下まぶたまで一緒に上がったような顔になったのです。

読みとりヒント

これは「押し殺した怒り」のサインです。とくに第三者が目の前にいて、言葉でははっきりと「バカ」とか「黙れ」とか「このマヌケ」と怒鳴れない時に発生する押し殺した怒りの表情の動きです。

パフォーマンス学の先駆者E・ゴッフマンは一九五〇年代に、私たちの演技はグループの成員全員によって必ず共通のルールが守られているから成り立つのであって、グループ内の誰かがほかの構成員とまったく違うことを言えば、グループすべての演技が意味をなさなくなる、と書いています。

たとえば、貧しい農家でその家の主婦が素晴らしい食事を気張って出してくれた時に、子供が横から「いつもはそんなの食べてないよね」と言った時のお母さんの困惑顔などがその例としてあげられています。

あなたの対処法

上司の顔にこんな眉のつり上がりが見られたら、あなたは何か上司の意図とまったく違うことを言ってしまったのだと急いで気づきましょう。

もちろん、そんな顔を上司がしないように、常に上司の意図を考えながら言葉を聞き、できたら口を挟まないのが賢明です。

わかったふりをして気の利いたつもりの相槌《あいづち》を打ったり、横から口を添えたつもりがとんでもない逆効果になって、上司の怒りを買うことはよくあるものです。本当にその上司を怒らせてしまったのだと早く気づいて、お客様のいない所で必死に謝るのが賢明です。

ポイント

眉がつり上がるのは「押し殺した怒り」のサイン。
言葉を慎重に選んだ対応が得策。

19 左右の頬の筋肉が非対称に持ち上がるのは？
――意地悪と悪巧み

左右の頬が非対称になる場面

クラシックの音楽を聴くのは大好きだけれどカラオケが何よりも苦手というYさんは、通信関係のエンジニアです。

ある日、カラオケに行かなければならないことになって、ついていった時のこと、あまり業績が上がっていない仲間の一人が、「なんてったって今日はYちゃんからスタートしなきゃどうしようもないよ」と言ってマイクを押しつけたというのです。

みんなから拍手が上がってしまいました。どうしても歌わざるをえない状況です。

しかたがなくマイクを取ったものの、なんだかハメられたという気がして悔しくてしかたがなかった、とYさんはあとになって言いました。

「その時のやつの顔ったら、なんだか左右のほっぺが斜めに持ち上がったような感じで、テレビに出てくる悪代官とそっくりだったんですよ。先生、こういう表情には何か特別な感情がありますか」と聞かれました。

読みとりヒント

確かに時代劇の悪代官などが、「ムフフ、とうとうヤツを陥《おとしい》れたわ」などと言う時に、演出家は左右の頬の筋肉を非対称にどちらかだけを斜めに上げた指導をすることがあります。

見ている人に「あの人は悪人だ」とわかりやすい演技だからです。

悪だくみがあってそれを隠している、意地悪がある、そんな時、私たちの上下の唇の間のライン（リップライン）は、水平ではなくて斜めに上がっていきます。

あなたの対処法

もしもこんな顔をして話す同僚や上司がいたら、あなたとしてはなるべく別行動することをおすすめします。

もともと意地が悪いのか、最近いろいろうまくいってなくて、うまくいっているあなたを妬《ねた》んでいるのか、いずれにしても意地悪、悪だくみ、妬み、そねみ、貶《おとし》めたい、劣等感などのマイナスの感情のサインであることがほとんどです。これらの感情を心理学ではまとめて「負情緒」と呼びます。負情緒の象徴は左右斜めの唇の持ち上げです。

あなた自身は絶対にこんな顔をしないように、時々鏡を見て自分のリップラインが水平に保たれているかをチェックしましょう。

左右非対称の頬の筋肉の動きは、顔のもともとの理想的な形と違うこともあって、けっこう目立つものです。

ポイント

左右の頬や唇を斜めに上げているのは意地悪屋。
近づかないほうがよい。

20 目じりに「カラスの足跡」が出るのは？

――正直な嬉しさ

カラスの足跡場面

Ｋ百貨店の子供服売場のＳ主任と、この頃の若い人々の人材教育が難しくて困っているという話をしている時に、ふと彼が「実は先日孫の服を買いによその店に行ったらね」と言ったとたんに、いかめしいＳ主任の目尻にクチャクチャとシワが寄りました。いわゆる「カラスの足跡」です。

嬉しくなくても私たちは表情に統制をかけて、いわゆるおべんちゃら笑い、社会的スマイルを保つことができます。けれど、この笑いは、文句なしに嬉しそうです。

本著の読者のために、いわゆる「お愛想笑い」つまり社会的スマイルと本当の「快の笑い」の違いは何かを説明するのに、Ｓ主任の顔は一番いいサンプルだな、と私はその時に思いました。

読みとりヒント

本当に嬉しいことで笑わない限り、普通の人は目尻にカラスの足跡のようなシワを寄せて笑うことはあまりありません。

もし、相手が「カラスの足跡笑い」をしていたら、よほど楽しいこと、無条件に歓迎すべきことが起きているのだと解釈して大丈夫です。

とても大きな喜びがあると、快感で私たちは大笑いや、いわゆる高笑いをします。目尻にはカラスの足跡が自然によります。

普段見落としがちな小さな笑いの中でもカラスの足跡のようなシワが軽く寄っているのは、家庭的によいことがあったとか、社内でよいことがあったという時の嬉しさのサインです。

あなたの対処法

相手がこんな顔なら、話しかける絶好のチャンスです。見逃さないで、「よかったですね」と祝福したり、「何があったかお聞かせくださいよ」と持ちかけてみましょう。

相手もこんな時は「いい聞き手を見つけて、この嬉しさを話したい」と思っているので、あなたが聞き手になるとわかって相手はそれが嬉しくて一気にしゃべり出します。

相手からあなたへの好感をゲットするいいチャンスです。

ポイント

「カラスの足跡笑い」の人は何かよいことがあったサイン。安心して話しかけても大丈夫。

21 唇を小さくとがらせるのは？

――幼児性か、不満の意思表示

唇とんがりの場面

大学で毎年、学年末の試験をします。パフォーマンス学の試験はとくに厳しいので、毎年不合格者が三〇％出る、学生にとって恐怖の試験です。

そんな時、優秀の誉《ほま》れの高いT子さんが私の研究室に来ました。「先生、私は何点だったのでしょう」と言うのです。ふと見ると、唇を小さくとがらせ、下唇の下側がぷくんとふくらんでいます。

ははん、不満があるのだな、とわかりました。次の時間が迫っていましたが、私は急いで別の部屋に行って答案を持ってきて、「これがあなたの点よ」と見せると、その表情が変わり、「あ、そうだったんですね」とばつの悪そうな顔をして帰っていきました。

読みとりヒント

唇をとがらせて頬をふーっとふくらませるのは、いわゆる「ふくれっ面《つら》」であり、子供がよくやるわかりやすい不満のサインです。

こんな顔をすれば、まわりの人も「ホラ、ふくらんだ、ふくらんだ」などと言って、すぐにからかったり、なぐさめたりして、いろいろと対処ができます。

でも、成熟した大人はこんなにはっきりとした表情変化をしません。むしろ、職場で大っぴらにこんな顔をしたら幼児性の強い人だと思うべきです。大人は目立たないくらい小さく唇をとがらせ、下唇の下がほんの少し持ち上がるのです。

だから注意しないと見落としがちです。

あなたの対処法

たとえばあなたが会社で仕事をして、部下に何か注意したときにこんな表情が部下の顔に出たら、不満があるのだと思って事情を早めに聞いてあげましょう。

不満の感情は、対応がおくれると「欲求妨害」となって相手の心に怒りを生み出すことが多いので要注意です。

たとえば食事の割り勘などで相手がこんな表情をしたら、それは、相手よりはもしかしたら自分のほうがたくさん高いものを食べていたのではないかしらと早いところ気がつくべきです。

相手の不満に早く気づいていくほうがその不満を積極的な「怒り」の行動に結びつけないですむために、人間関係がスムーズに進んでいくからです。

ポイント

ほんの少しの「ふくれっ面」には、素早く対処しよう。
幼児性なら放置しても大丈夫。

22 唇を固く結んだ強いアイコンタクトは?

―― 固い決意

決意の唇

ゴルフの宮里藍選手のインタビューをご覧になった方は、彼女がここぞ勝負という大きな試合に挑む時のインタビューで、必ず唇をギュッと固く結び、ちょうど下唇と上唇が一緒に歯に吸い寄せられるように、内側に噛み込んで、正面から見るとちょうどリップラインが水平になって、両端がほんの少し上がっているという形の口をすることに気がついたかもしれません。漢数字の「一」という字の両端に小さなタテ線が立っているように見えるでしょう。

勝負をかけている時の人間の決意の唇の形です。

読みとりヒント

あなたの会社にも、日頃はそれほどキリッとした顔をしていないのに、何かの話の時にキュッとこの口の形をする同僚がいたら、今、燃えて仕事をしていて、今回は、新たに何かいいことか大事な用件が発生し、その話には大いに気乗りしているな、頑張るつもりなのだ、ということに気づきましょう。

もしも、その同僚とあなたが同じような仕事をしているとしたら、きっと彼はあなたの手強いライバルになるかもしれません。

あなたの対処法

一方、決意を表す口の形は案外、人から見てもはっきりとわかるものだけに、演技しようとして、「今度こそ頑張ります」などと言って、掛け声だけでこの唇の形をして、実際あまり決意していない人もいます。

そうなると、この決意のサインが本当の決意か決意のふりなのかを、目の輝きやアイコンタクトと唇の結びを関連させて判断する必要があります。

「アイコンタクト」とは、目線の方向、見つめている長さ、上眼瞼挙筋に入っている力の三点を総称した、「見つめ」のことです。

アイコンタクトの強さとこの唇の形がそろったら、本当に強い決意なのだということに気づきましょう。

あなたもここぞという主張をする時は、この唇が一番おすすめです。

ポイント

「唇をギュ、アイコンタクトがバシッ」の人は強い決意あり。
手強いライバルと思え。

23 相手を強く見つめるのは？
――「説得欲求」

強い見つめの場面

一九九二年、ちょうど大手の会社でもバブル崩壊の兆《きざ》しを感じ始めた頃です。私は「国際パフォーマンス学会」という国際人としての日本人の自己表現を専門的に研究・教育する学会を立ち上げました。

学会設立に際して、「年会費」という名称で皆さんに出資を協力していただくために、九一年から一年間かけて六五の会社を回りました。

この学会は数年後に公益法人である社団法人に昇格させたいという考えがありましたから、綿密な企画書を作り、事業計画書を作り、定款《ていかん》を作ったのですが、どうやら基金として一億円以上がまずは必要だということがわかりました。そこでたった一人で六五社を回ったのです。

相手は一部上場企業の社長、副社長クラスがほとんどでした。たった一人で各会社のトップにちょっとした紹介状だけを持ったり、あるいはほとんど何もない状態で、ただ経営雑誌で対談したぐらいのコネだけを頼りにこの方たちを説得して歩いたのです。

結果、一年で二億円近い賛助会費という名前の、言ってみれば基金が集まったのです。本当に驚くほどのできごとでした。今でも感謝にたえません。

みなさんのお力で無事に学会を設立したあとになって、

「よくお金を私に出してくださいましたね」

と言ったら、何人かの社長さんが、

「だってあれだけ強い目で『絶対日本人の自己表現能力の向上は、現在の日本社会の国際化の中で絶対に不可欠だ』とあなたが力説したからですよ。あの目の色を見ていると、ただ事ではなかったから、これは本気なんだ、本物なんだと思ったのですよ」

というお返事でした。

私は日頃、初対面の方や、まだあまり親しくない方を見つめるということはしないようにしています。

視線には圧力もあり、対人恐怖症で森田療法を受ける人の多くが視線恐怖を持っているという事実でもわかるとおり、人はあまり見つめられると圧迫感を感じるからです。

でも、どうしても二億円近いお金を集めて「国際パフォーマンス学会」をスタートさせたいという私の思いが、相手を強く見つめる強烈なアイコンタクトになって表れていたのでしょう。

読みとりヒント

アイコンタクトは相手を見つめる時間の長さ、強さ、方向性の三つから構成されています。

時間の長さについては、二者間の対話時間の中で、日本人の平均的アイコンタクトは一分間あたり三十二秒、つまり半分以上です。

これは私の実験室で実際に五〇組の会話をかくしカメラで撮影して取ったデータです。

個人に説得欲求があるとき、見つめは強くなりアイコンタクトも増えます。

あなたの対処法

もしもあなたがプレゼンテーションなどで、誰かを説得しなければならない時、プレゼンでパワーポイントを使った資料作りや、資料の内容だけに力を注いでいるとしたら、それは大きな間違いです。

私の今までの社会人へのトレーニングの中で、プレゼンテーションの最重要条件は、資料よりも当日のプレゼンの技量、その中でも特にアイコンタクトの使い方であることがわかっています。

ことばの内容や声と同じく当日のあなたの見つめ方が大事なのです。詳細は拙著『プレゼンに勝つ！「魅せ方」の技術』（ダイヤモンド社）を参照してください。必ずあなたのプレゼンテーションが強くなります。

「説得したいなら見つめよ」。これはネゴシエーションやプレゼン必勝の鉄則です。

ポイント

相手を強く見つめるのは説得欲求のサイン。
説得したい時は意識的に相手を見つめよ！

24 相手の視線を避けるのは?

──「回避欲求」

視線を避ける場面

もうだいぶ前のことですが、テレビ局の依頼で石坂浩二さんと浅丘ルリ子さんの離婚の記者会見の表情分析をしたことがあります。石坂さんはこの時かなり雄弁でした。

浅丘ルリ子さんと離婚する事情を理路整然と述べました。

時々小さな微笑みも混じって、話のスピードはむしろいつもより少しアップしている感じでした。

一分間の日本人の平均的なワード数は、私の実験では二六六文字です。でもこの時の石坂さんは、一分間あたり三二〇ワードを超えていました。

ずいぶん早くしゃべるな、意気込んでいるなという感じがしたものです。

ところが、彼が折にふれて浅丘さんの顔を見ると、彼女はサッと外側へ顔をそむけるか、下を向くかして彼の視線を避けるのです。

普通に話しているあいだは、浅丘さんの視線は机の斜め前方を見たり、あちこちの方向に視線のデリバリーをしながら、下向きとはいえ、記者の顔を、かなり見つめていました。

ところが、石坂さんが彼女のほうへ顔を向けた時だけ、必ず視線を外してしまうのです。

読みとりヒント

これは「視線回避」であり、その相手に対する心理的な「回避欲求」です。回避欲求は「あなたと親しくなりたくない」とか、「嫌いです」「関わりたくない」というさまざまな欲求を総称した専門的な呼び方です。

あなたの対処法

もしも、会社であなたが同僚に話をしている時に、その同僚が、「あ、雨が降ってきた」と外を見たり、「何時だっけ」と時計を見たり、机の上の書類に目を落とすようであれば、それは回避欲求のサインです。

それを無視してさらに追いかけて話しかけたりすると相手は逃げの態勢に入りますから、そういう時はそっとして、相手と距離を保ったほうが無難です。

また、あなたも人と話をしている時、あまり相手の顔を見ないで聞いていると、「関心を持ってない」とか「聞きたくない」というサインとして受け取られますから、話を聞く時はしっかりと相手の目を見つめて聞きましょう。

でも、黒目の中心だけを見つめようとすると、これは相手の視線恐怖を呼び起こしかねません。

両目の周辺と鼻の中心を結ぶ扁平《へんぺい》二等辺逆三角形のあたりを見つめていると、「あなたの話を聞いていますよ」というサインになります。

ポイント

相手の視線をさけるのは「回避欲求」のサイン。気づいてあげよう。

25 目を細く開けて見つめるのは？
――内心の「疑い」

まぶたを細めて鋭く見つめる場面

記者会見があるたびに、民主党の小沢幹事長がまぶたをぐっと下げて目をほんの少しだけ細く開けて質問者の話を聞いている表情がテレビでクローズアップされます。

上眼瞼挙筋にむしろ力を入れて下に下げ、一見眠っているようで、ほとんど相手の顔を見ていないような感じですが、実はこの眼球の半開きの状態では、それとなし全部の光景と相手の顔のおおまかな様子が見えています。

読みとりヒント

目を細く開けて、かつ見つめているという視線は相手の発言への反感や疑いのサインであることが多いのです。

「何を言っているのか。そんなことを言ったって役に立たないよ」という思いでしょう、相手の言うことを信じていない場合にこんな目つきが出ます。

あなたの対処法

あなたが上司に昨日仕事がどうしても間に合わなかった説明をしに行った時に、上司がふと目を細めて、かつなお、あなたの顔を見ている感じの目つきをしたら、これは疑いをかけられているなと早く気づくことです。

釈明のできることであれば、その時にきちんと言えば結構ですが、もしも相手が疑い深い人、猜疑心《さいぎしん》の強い人だった場合は、何か言えばよけい疑いをかけてきます。

そんなわけでまぶたを細く開けて人の心を探るような目つきをする上司や同僚、部下は、相手にとって実はあまり付き合いやすいとはいえないのです。

彼らは疑いや反感反発などの本心を隠していて、ある時突然、牙《きば》をむいたりしますから、要注意の人物です。

あなた自身も「半眼開き」で人の話を聞くようなことは絶対やめましょう。

相手はバカにされたとか、無視された、と感じてロクなことにならないからです。

ポイント

まぶたを細く開けて見つめるのは反感や疑いのサイン。

26 まぶたを閉じて無表情になるのは？

――悲しみと怒りと忍耐

まぶたを閉じて聞く場面

会社で長い会議が続いていると、眠っているわけでもないのにまぶたを閉じて聞く人が出てきます。これは、一日の仕事で目が疲れていて目を休ませたいというときもありますが、長い話だなあ、早く終わらないかなあと耐えているのかもしれません。まぶたを閉じていますが、実際に話は聞いています。

読みとりヒント

もしもあなたがその会議に出席していると、誰かがこんなふうにして眠っているのか、それともただまぶたを閉じているのかの違いは、なかなか気になるところです。その違いは首の傾きとまぶたの組み合わせで見破ることができます。まぶたを閉じていて、首もまた前方に垂れ下がってきている場合は、本当に眠くてまぶたを閉じているのですし、アゴをやや突き出してリップラインをキュッと結び、まぶただけ閉じているのは、退屈したり、自分が反対意見を持っていたりして、長い会議を耐えている場合の表情です。

あなたの対処法

こんな表情をして上司の話を聞いていれば、いつか必ず上司は「あいつはなんと生意気なやつだ」というふうに思うことでしょう。「眠っているように見えること」は、反対意見がある、バカにしている、退屈である、というサインとして受け取られますので、ただちに訂正してほしいものです。

ポイント

目を閉じて話を聞くと、「ナマイキ」か「タイクツ」と思われる可能性が高くなるので注意しよう。

27 遠くを見つめるような視線は?

──夢と希望のサイン

遠くを見つめる場面

ワタミの渡邉社長と何度か話をさせて頂いたことがあります。お仕事の利益をカンボジアでの小学校建設にあて、ご自身もカンボジアに何回か出かけ、子供たちの生活の向上に一生懸命貢献しています。

この渡邉社長はよく、「自分の夢」あるいは「ワタミの夢」「思い」という言葉を口にされます。その時、彼の視線にははっきりとした特徴が表れます。

話の途中で、今まで目の前の私にフィックスしていた視線をスッと、自分の目の高さよりやや上方に上げて、どこか遠いところにフォーカスが結ばれているという感じの視線をすることです。

読みとりヒント

遠い夢、はるかな夢、高い目標、このようなことを語る時、私たちの視線は遠くを見つめるような視線になります。

下眼瞼挙筋、つまり下まぶたの筋肉が少し上がって、両目の両端が下がって真ん中が上がっているように感じることもあります。

こんな目をたびたびするのは、目先の仕事のほかに遠大な希望を持っている人が多いものです。

新入社員でもベテランでも、時々こんな目で遠くを見つめ、しかもその視線に力がある人は、話をよく聞いてみるとクリエイティビティが高く、努力家です。

その反対に、人の悪口や愚痴《ぐち》ばかり言っている人の視線は、上方を見ずに、いつも水平より下を向いて話をするのが特徴です。表情変化も少なくて、いわゆる「無表情」な感じがするのも特徴です。

あなたの対処法

あなたが人と話をするときの視線の方向性もその人の会社における能力や評価、夢などを自然に表しています。

まさかと思ったら、あなた自身がどうぞ明日からこんな目をして話をしてみてください。とてもロマンティックに見えますし、何人か夢を持った素晴らしい素質の人々が集まってきます。

目つきにおいても「類は友を呼ぶ」のです。

ポイント

遠くを見つめるような目は夢や目標について語り、思っている時が多い。

28
額にシワを寄せたときは？
――こぼれ出た困惑の気持ち

額にシワの場面

あるとき、ウィーンフィルの演奏を聴くために、ウィーンの国立劇場に入ったとたん、私の目に、ロビーにいる四十歳前後の日本人の男性が、額《ひたい》にちょうどミミズが三匹というような横線を寄せて、あっちを向いたりこっちを向いたりしている姿が飛び込んできました。

同じ日本人ですから思わず近寄っていって、「どうかされたのですか」と声をかけました。

口をギュッと固く結んで額にシワが寄り、頰は心持ち膨らんで、何か困難に直面しているという感じがしたからです。

聞くと男性は、メンズのトイレにパスポートを入れた貴重品バッグを置き忘れてしまったとのこと。それに気づいて急いで客席からまたトイレに戻って隅々まで見たけれども、そのポーチはどこにもなかったというのです。

そこでまたロビーに出てきて、さて誰に相談してよいものかと左右を見たのですが、とくにそれらしい警備員も見当たらないまま数分が経ち、どうしてよいかわからずに、正面を向いて額にシワを寄せて立っていたというわけでした。その時の彼の立ち方は両足に均等加重をした仁王立ちのようでした。

読みとりヒント

体裁を考えない姿勢からしても相当困って立ち往生しているのだということがよく伝わりました。

結局、私もお手伝いをして劇場の支配人を探し、事細かな説明をしたのです。なんと幸いなことに、このポーチは落し物係に届け出られていました。けれど、その間この男性は、十五分間ぐらいのあいだでしたが、ずっと額にシワを寄せっぱなしでした。

額に「〰」のようなミミズ状の三本の横ジワが寄っていれば、大体困惑のサインなのです。ただ困っただけではなく、どうしてよいかわからない、途方に暮れるという状態です。

あなたの対処法

こんな表情をしている上司や同僚がいたら、すすんで声をかけましょう。「何かお手伝いすることがあるでしょうか」と言ってみるのです。

彼らはしめたとばかりにあなたに何かを話しかけてきます。日頃強気一本槍の上司や同僚がこんな顔をした時こそ、あなたがサッと近寄っていく一番いいチャンスです。

「困った時はお互い様ですから」と言いながら、すすんでお手伝いを開始しましょう。そんなあなたは必ず会社の中で次第に評価されていきます。

ポイント

額に「≈」のような横ジワ三本の人は困惑中。救いの手をさしのべれば喜ばれる。

29 相手と同じ方向へ視線を動かすのは？

――好意の表れ

二人の視線方向が揃う場面

山手線の中は私の視線観察の最高の場所です。ちょうど前の座席に、どうやら三人とも携帯電話の会社に勤める社員のようなのですが、両サイドに男性が座り、真ん中に女性が座って、携帯電話についてのさまざまな苦情の話を夢中になって話していました。聞くとは無しに聞いて、顔をじっと観察してしまうのは私の研究者魂《だましい》でやむを得ないのですが、とにかく膝の上に日経新聞を広げたまま、私は彼らの表情を注意深く見ていたのです。

すると、電車のドアが開いて何人かの人が乗り込んできました。その中の一人の男性に彼女の視線がスッと泳いでいったのです。

すると、彼女の右隣に座っていた男性も同じように彼女の視線を追いかけて、ちょうど二本の平行線のビーム（光線）が、入ってきた男性に注がれるように動きました。

一方、反対側の男性は相変わらず話の続きで、目線はこの二人を見ているままです。それから、反対側の男性も二人が見ている方向がわかってから、時差をもってそちらを見ました。

最初の一人に二人目が視線を揃《そろ》え、さらに揃えている二人を三番目の人間の視線が追うという三段構造の視線の動きでした。

読みとりヒント

これをパフォーマンス心理学では「同調動作」と呼びます。同調動作は日頃好意や好感を持っている相手、尊敬している相手に対して起こす動作です。視線にも同調動作があるのです。日頃の好意は、その人が見た方向を同時に見るという視線の動きになって表れます。

なぜそうなるのか。意外にその理由は簡単です。彼が彼女に対して強い好意、関心、関与の気持ちを持っているので、別の話に熱中していても、いつも視界に彼女の行動が入っているからです。

あなたの対処法

どうぞ会社で誰がどの派に所属するのかといちいち口に出して詮索《せんさく》せずに、誰が誰の視線に同調動作を起こすかしっかり観察してください。

誰かが立ち上がったら続いて立ち上がる、誰かがひじをついたらもう一人もひじをつくというような大きな同調動作は、周りの人にも目立つので、当の本人も用心深くなってなかなか素直に同調動作を発信しない場合があります。でも、視線は正直です。ふいと自分の好意のある人と一緒の方向に視線が動いてしまうのです。

実はこの手法を映画の中で意図的に使ったのが小津安二郎監督でした。

ただ縁側に並んで座っている男女が同じ景色を同じ視線で見つめる。

それだけなのに、二人の間の好意や愛情関係が、見ている人に伝わる。そんな場面が小津作品にはいくつか出てきます。

あなたも、視線の動きに注意すれば、誰と誰が好意を持っているかがすぐにわかります。余分なトラブルを避けるためにも、この視線の観察はぜひおすすめです。二人が見つめ合ったりしているときは、私はこれに「情動のダンス」とあだ名をつけています。

ダンスをする二人の動きのようにお互いの視線が呼応しているからです。この視線の動きを起こしている二人に割って入るようなことは、まったく「ムダな抵抗」になってしまうからやめておきましょう。

ポイント

視線は正直。好感があれば「情動のダンス」をする。

30 相手の目を見つめ微笑むのは？

——「親和欲求」を伝達中

目を見つめて微笑む場面

なんと困ったことに、最近逮捕された結婚詐欺師《さぎ》の女性は開き直ってこう言ったのです。

「引っかかったほうがバカですよ」

なんとまあ大胆不敵《だいたんふてき》な、と思わないわけにはいきません。しかし、彼女の何気ない日頃の行動を捉えた週刊誌やテレビの画像を見ていると、私には彼女が男性を引っかけるのが得意だということが実によく表情心理学の立場から理解できます。

彼女は相手の目を見て微笑むのです。目をしっかり見つめたままニッコリして何かを言うのです。まさにプロです。

読みとりヒント

私は目の効果について三十年間研究を続けていますが、このような目をしたスマイルには、最小限、次の三点の効果がわかっています。

(1)相手の警戒心を解く。
(2)相手に親密感を伝える。
(3)相手のやる気を喚起する。

実は特にこの(2)の親密感を伝えるのは、目を見つめながら微笑むのが一番いいのです。

あなたの対処法

現在、私は何人かの医師とチームを組んでメディカルパフォーマンス（医療のパフォーマンス）の研究にかなりの重点を置いています。

そこで医師対象の講演でいつもお話することが、「診察で忙しい医師が言葉で患者さんを励ますことができない時でも、目を見つめてちょっと軽く微笑んで『お大事に』と言ってください。それだけでも患者さんは本当に励まされます」というものです。

実際これはでたらめに言っているのではなく、いくつかの大学病院眼科の先生方のご協力をいただいて、ここ三年がかりで診察室の実験をしている結果です。

見つめながら微笑むことが本当に患者さんをホッとさせることがデータとして取れています。

相手に親しさを伝えたいと思ったら、上手な言葉を探すよりも、目を見て微笑むのが手近で時間もかからず、おすすめできる方法です。明日、会社で、これと思う親しくなりたい相手に試してみてください。

ポイント

目を見て微笑むのは最高の親しみを伝えている証拠。

31 下唇を噛むのは？

――悔しさと後悔

下唇を噛む場面

部下をガンガン叱って、

「だから、君はほかの人より仕事が遅くなってしまうんだよ。気をつけたまえ」

と火を噴いて怒ったD課長。叱っている相手が見込みのある部下で、ガンガン注意をしてあげたほうが彼の勝ち気を刺激してもう一度がんばるだろうと思ったのでした。

でもなんと驚いたことにこの部下は次の日、「辞めさせてほしい」と言ってきたというのです。D課長は思惑《おもわく》が外れて、「なんとしたことだ」と言っています。

読みとりヒント

困惑顔のD課長に私はこう聞きました。「その部下は目を見て聞いていましたか」。

「もちろん目を見て聞いていたよ。だから、納得していると思っていたんだ」と言うのです。

でも、おそらく目だけに気がいっていて、この部下が下唇を強く噛み込んでいるのを課長は見落としてしまったのでしょう。

下唇を噛み込む動作は、悔しさや、こんなことをしなければよかったという後悔のサインです。

自分のした失敗がわかっていて下唇を噛む場合もありますし、今怒られていることが正当な範囲を通り越して過度に怒られているという怒りの気持ちに変わって、侮辱《ぶじょく》されたと感じ、悔しくてしかたがない場合もあります。

あなたの対処法

あなたが誰かを叱るとき、たとえお互いが目を見ていても、こんな下唇の動作がチラリとでも現れたら、叱り過ぎに注意しましょう。上司の怒りに対して反発心が生じてマイナス効果になることがあります。

辞めてしまって困るような部下がこんな顔をしている時は、とりあえず話を切り上げることをおすすめします。

ポイント

叱られても下唇を噛んでいると、「反省中」とは限らない。

32 首を傾げるのは?
――「疑問」の意思表示

首かしげの場面

テレビで国会討論会をよく見てください。誰かが自分に対して反対意見を言っている時、言われた議員は全員といっていいほど首をかしげています。

読みとりヒント

頸椎《けいつい》は七個あり、重い首を肩から上に向かって支えています。その下に一二個の胸椎、さらに下に五個の腰椎があって体を支えているわけです。

ところが、「どうも相手の話に疑問だ」、あるいは「自分にさっさと発言権が来ればいいのに、くだらないことばっかり言って、フン、疑わしいものだ」という気持ちがあると私たちは、ついその非難や批評に対しては正面からうけとめるほど大したことではない、という反感の気持ちで心にいっぱいになります。そこでこの反感を伝えたくて、つい首をかしげてしまうのです。

あなたの対処法

あなたが会社の企画会議で発言している時に、もしも首をかしげて聞いている人がいたら、首をかしげているのが自分の部下なのか同僚なのか上司なのか、どうぞそのへんを遠い席からでもしっかり確認し、反感を避けて好感をゲットするために発言の内容や言い方の調節をしてください。

表情は相手との距離が三メートル前後ではっきり見えますが、首を斜めにかしげる動作については、私の実験では一五メートル離れているところからでも観察できることがわかっています。誰かが首をかしげたら、反感か疑問を持っているなと気づいて、詳しく説明するか話を変えることです。

ポイント

首をかしげるのは反感の意思表示。好感をゲットする早めの対処を。

33 アゴを引くのは？

——「確信あり」の意思表示

アゴ引きの場面

これまで秘書が犯罪を犯したので、議員が証人喚問に立つという場面が何度かありました。

そんな時にAテレビ局とNテレビ局から依頼を受けて、私は議員の自己表現についてたくさんの表情分析を担当しました。

読みとりヒント

その体験から、パフォーマンス心理学上のはっきりとした面白いアゴの動きの特徴がわかりました。

アゴをギュッと下に引いて、証人喚問で「私は一切そのことは知りません」と言う時、これは確信を表すサインです。

驚いたことに、実際には一部始終よく知っていても、この「アゴ引き」をする議員がほとんどです。

ごくまれに、実際に知らない場合もありますが、知っていても「知らない」ということを強くアピールしたい場合、その自分の意見について確信を示そうとして、わざわざアゴを引いて、「一切知りません」と言っているのに違いありません。

あなたも、画面をよく見ていれば、その角度が深すぎて「不自然だな」と気づくはずです。

アゴを引き過ぎて「一切知りません」と言っている時は、本当は全部または一部を知っていると思うべきです。今まで私が分析した例も全部そうでした。

あなたの対処法

だから職場で、もしもあなたが上司から、「この頃ちょっと気を抜いているんじゃないの?」と言われた場合でも、その上司のアゴが強く下に引かれていたら、もうそういった古い上司は、何か確たるエビデンス(証拠)をつかんでいると思ったほうがいいのです。

へたに言い繕《つくろ》うよりも、なぜ気を抜いているのかを正直に上司に話してお詫《わ》びをして、解決策についてむしろ相談してしまうほうをおすすめします。自信家の上司ほど、「よっし」と、いざという時は頼りになります。

ポイント

強くアゴを引き「知りません」と言うのは、逆に「知っています」のしるし。

34 アゴを突き出すのは？

――「高慢チキ」の癖

アゴ突き出しの場面

女性タレントのSさんが覚せい剤容疑で逮捕された時、私は三つのテレビ局からその記者会見でのSさんの心理分析を依頼されました。

そこで私が真っ先に気づいたのは、

「申し訳ありませんでした、世間をこんなに騒がせてしまいました」

と言いながら、彼女が時々アゴを突き出すことです。

記者会見の席から出て迎えの車に乗り込むまで通路を歩く時、彼女はずっとアゴをやや正面上方に突き出していました。

その真意は、

「私は絶対悪くない。こんなふうに自分だけが大騒ぎされたのは不運なことである」

という強い反発に違いない、と思われました。真意とは別の行動をとらねばならない不本意さをアゴの動きで出していたのでしょう。このことは私も率直にテレビで指摘させていただきました。

読みとりヒント

実は、一般的な会社の仲間などでこのアゴの突き出しが出た場合は、高慢のサインと思っていいのです。叱られた部下がこんなアゴをする時もあります。「僕の昔は、こんな素晴らしい業績だった」と言うときの上司がこんなアゴをする時もあります。いずれも自慢、高慢、相手を見下している、反発自意識過剰などのネガティブな感情のサインです。

あなたの対処法

相手のアゴがこんなふうに動いている時は、早く気づきましょう。そして、あなたは気がすすまないかもしれませんが、彼のことばの裏の想いを推しはかってみましょう。

この動作を頻繁《ひんぱん》にやる人はどこかで人を見下していたりするので、あなたが気づかずに相手をしている内に、あなたが不愉快になることもあるかもしれません。あまり仲間としておすすめの性格ではないので、長く注意深く観察してみてください。

ポイント
話し中のアゴの突き出しは、一般的にはネガティブ感情の表現。

35 鼻にシワを寄せた笑いは?

――ズバリ、嘲笑

嘲笑の場面

記者団の質問に対して麻生元首相はよく鼻にシワを寄せて、「アハハ、そんなことを僕に聞かれてもね」という発言を笑顔でしていました。

私はもう数えきれないくらい何回も、このような麻生さんの記者会見での笑い方について、「あまり感じがよくないですね。おやめになったほうがいいですよ」と、テレビの報道番組などで指摘してきました。

読みとりヒント

この表情は彼が記者に対して真っ当に対等な立場として答えているというよりは、記者を上から見て小馬鹿にして、「くだらない質問だね」と言いたいのでしょう。

でもそれをグッとこらえ、

「いや、そんなことを僕に聞かれてもね」

と婉曲《えんきょく》に言っているに過ぎないのです。

このように鼻にシワを寄せた笑いは、たいがいの場合は嘲笑《ちょうしょう》のサインです。

もっとも、今は亡きジャズシンガーの草分け、江利チエミさんがよく鼻にシワを寄せて笑いました。でも、彼女の場合は愛くるしく、みんなに親しみ感を伝えるために鼻にシワを寄せて笑っていたのが、とても好感的な印象でした。

鼻にシワを寄せた笑いは、こんなふうに、場合によって小バカにしたサインになったり、愛敬《あいきょう》のサインにもなったりします。ですから、見る方は状況との組み合わせで判断する必要があります。

あなたの対処法

一般的には、会社の中で会話中の相手の顔に鼻にシワを寄せた笑い方をする人がいたら、親しみよりは嘲笑のサインだと早く気づいてください。

こんな人を相手に話をしていると、あとで手痛いことばを受けて傷つくこともあります。さっさと切り上げてしまうことをおすすめします。

ポイント

鼻にシワを寄せて嘲笑する人にロクな人はいない。

36 会議中に鼻の下をこするのは?

――「思索中」

鼻の下や首のうしろをこする場面

先日O百貨店の人事部で、どうやったら新入社員にやる気を起こすことができるかという討論会に参加した時のことです。S課長が話をしながらやたらに鼻の下をこするのです。それを見て私の隣にいた人も気がつき、「S課長は面白い癖があるんですね。綾子先生、あれはどういう意味ですか」とあとでこっそり聞きました。

読みとりヒント

親指をアゴの下に回し、同じ方の手の人差し指で鼻の下や鼻の頭ををこするのは、「思索中」のサインなのです。何か名案がないかなあと一生懸命、アゴを親指で支えて顔の向きを安定させながら、人差し指で鼻をこすっています。

多分彼は、名案が浮かばないので、困っていたのです。この動作はなぜか日本のビジネスマンにはとても多い動作です。照れた時に首の後ろをこするのも日本人の男性にとても多い動作で、これについて私は国際コミュニケーション学会でアメリカの研究者に質問されたこともあります。

「鼻の下をこすったり首の後ろをこすったりするのは、アメリカ人の男性はあまりやらない。日本の男性のあの動作はどんな意味ですか?」と。

アメリカ人男性について同じ動作があるかどうかはまだリサーチ中でわかりません。

けれど、実際私は、会議の行き詰まり場面などでこの動作をする日本の男性を何人も見ています。

一生懸命考えているにもかかわらず、名案が出ないというサインです。

あなたの対処法

そんな時にあなたが、「課長、何か意見を言ってください」などと言うのは愚《ぐ》の骨頂《こっちょう》です。「考えている最中だろう」と気を悪くされるからです。

こんな時は、課長にはしっかりと考えることに集中していただいて、あなた自身が自分の頭を駆使することをおすすめします。

またこの動作は、顔の中央部分の動作なので、思った以上に目立ちます。会議の発言やスピーチの中では「ノイズ」と呼ばれる動作であり、時には相手や自分の発言効果の妨げになるので、あなたとしてはなるべくやらないように気をつけましょう。

ポイント

鼻の下をこするのは「思案中」の意思表示。
そういう人は、そっとしておくのが無難。

37 顔の表情変化が少なくなるのは？

――鈍感か不調のサイン

表情が止まってしまう場面

安倍元総理の退任二週間前にあるＴＶ局に呼ばれて、彼の表情分析をしました。「多分、持ってもあと二週間でしょうね」。実際そのとおりになりました。二週間後の退任のスピーチ分析でまた呼ばれた時、「なぜわかったのですか」とディレクターに聞かれて私は、「はい、表情変化が減ったからです」と答えました。

福田元首相の時もそうです。「多分、あと三日でしょう」と言ったら本当に三日だったので、まるで腕のいい占い師を見るような目つきで、テレビを見ていた友人たちが「なんで三日とわかったのか」と何人も聞きました。

読みとりヒント

私は予言者でもありませんし、占いの技術も一切ありません。ただ、二分三十秒のスピーチを六時間かけて〇・一秒単位の「ASコーディングシート」に記入するという地道な作業を二年間続け、そのデータをもとに「顔の表情トレーニング」と「顔の表情による感情表出」をテーマに心理学領域で博士号を取りました。

私のパフォーマンス心理学の研究者あるいは教育者としての三十年間のうち、表情の研究は最近二十年間の最大テーマであり、今も研究は続行中です。だからよくわかるのです。誰でも注意深く見ていさえすれば、目の前の相手がいつもより表情が動いているか止まっているかは、はっきりと気づくことができます。

あなたの対処法

もしもあなたの身の周りに顔の表情が乏《とぼ》しくなった人がいたら、すすんで声をかけてあげましょう。大きなストレスにつぶされそうだったり、悩みを抱えていて相談相手がいなくて困っている場合が多いのです。遠くから見て「のっぺらぼう」「無表情」と感じたりもしますから見つけるのは楽です。

ところで、よく私たちが一般に使う「無表情」という言葉は専門的にはなく、「中立」または「ニュートラル」と呼びます。

ニュートラルの時間は一分間あたり二十八秒が私の実験での日本人の会話中の平均値です。

会話中や、会議中の様子を見ていて、相手があまりにも無表情だ、と思った時は、その人がもともと鈍感なのか、今不調に陥っているかのサインです。声をかけてあげるか、そっとしておくか、相手の性格と、あなたとの間柄などによっても変わりますから、ことばを選んで慎重に行動しましょう。

ポイント

無表情は鈍感か不調のサイン。いずれかを見極めた対処が大事。

38 顔をパッと上気させるのは？
——シャイか怒りの露呈

赤くなる場面

新入社員のスピーチ研修を頼まれて大手の銀行に行った時のことです。壇上に上がった二〇人のスピーカーのうち、二人がなんとパッと真っ赤になりました。

赤くなった瞬間に言葉を忘れて、目が天井に向けて泳ぎだし、「えーと」と言って手元のメモを見て、そのメモもどこの行だかわからないのか、なかなか次の言葉が出てきませんでした。

この状態を専門的には、「上がり」「ロスト　コンポージャー」と呼びます。

読みとりヒント

ロスト　コンポージャー（LC）については、「LC＝F（1－M）×パフォーマンスコア」という「あがりの方程式」そして、私は過去に研究論文を発表しています。

Fは個人差です。1は成功する確率の全体です。そこからその人の成功したいという動機の強さを引いたものが（1－M）です。そして、「リハーサルが充分である」「もともと自己表現力がある」などのパフォーマンスコアをかけると、その人がどれぐらい上がるか上がらないかがわかるという論文です。

人からどう見られるかを気にして作っていく自分の印象のことを社会心理学では「社会的自己呈示」と呼びます。「社会的自己呈示」の意識が強くて、しかも自信がないと張り切り過ぎて緊張してあがってしまうのです。そんな時に顔がパッと赤くなります。「あ、あがったな」と自分もわかるでしょう。

顔がパッと赤くなるのには怒っている場合もあります。だから見分けが必要です。

たとえば、大手ビール会社のH元社長は、カッと怒るので「瞬間湯沸かし器」というあだ名がついていました。

実際本当に大きな声を出して怒った場面を私は直接拝見はしていないのです

が、社員の方たちの説明によると、顔を真っ赤にして怒るというのです。

顔は、いわゆる「あがり」でも上気しますし、怒りでも上気しますが、H元社長のは怒りでした。

あなたの対処法

もしもあなたが自分自身、スピーチのはじめにパッと顔が赤くなってしまったと自分で自覚したら、どうぞ深い深呼吸をその場で何度かしてください。

もちろん、こうならないためにも何度ものリハーサルをおすすめします。タイマーできちんと時間を計り、観客の反応も想定して、何度か同じ場面をこなしていくのです。

それがパフォーマンス学における「リハーサル効果」です。リハーサルで上がりをかなりの程度まで防ぐことができます。

だから、場数を踏んだ人は上がらない、というのです。毎回の発表が次へのリハーサル効果になっているからです。

あがりでも怒りでも、あまりまっ赤に上気するのは、本来のスピーチの目的以外のことに聞き手の注意を分散してしまうので、やはり前述した「ノイズ」になります。リハーサルでぜひ克服してしまいましょう。

ポイント
顔がパッと赤くなるのはあがりか怒りのサイン。

39 顔が青くなるのは？

――恐怖か怒りの反応

顔が青くなった場面

企業研修でスピーチ実習をしてもらうと決まって、赤くなる人と、対照的に青くなる人が何人かいます。緊張しているのかしらと思うのですが、あとで聞くと、「なんかスピーチするのが怖くて」と言うのです。

突然大きな地震が来た時に青ざめる人は実際私も直接見たことがありますが、そんな大きな危機ではなくても、大勢の人の前でスピーチをするというようなことが「スモール　クライシス」（小さな危機）になって、その人に地震と同じような恐怖を呼び起こすのでしょう。

読みとりヒント

怒りでも赤くなる人と、青くなる人がいます。青くなって唇が小さく震える場合もあります。

一般的には恐怖や怒りの顔の表情は、一秒どころかかなり長く同じ表情が続くのが特徴です。だから驚きのあとで表れた恐怖や怒りに気づくのは、割に楽です。

驚きの表情は一瞬ですから、相手の意見にパッと驚いて目を見開き、続いて怒りや恐怖や喜びの表情に変化します。

たとえばあなたが上司から突然、昇給を聞かされれば、「え、ボーナス上がったの？」と次の瞬間には喜びの表情に変化するのが普通です。

パッと目を見開いたり口を大きくあけてしまう驚きの表情と恐怖や怒りの表情はとても似ています。けれど、恐怖や怒りは驚きの表情に加えて、眉がつり上がったり顔色が変わったりする特徴も併せ持っています。

あなたの対処法

あなたの上司が青くなって怒っているような場合、変になんとか言い訳しようなどと試みないことです。とにかく自分の失敗を詫びて、「次は重々気をつけます」と相手の怒りがおさまるのを待ちましょう。

できたら深々とおじきをして、その場からなるべく早くいなくなることをおすすめします。青くなるほどの怒りは、とても強い感情なので、目の前にその相手がいるとよけい火に油を注ぐように怒りが大きくなる場合もあります。

英語でも日本語でも一〇数えるあいだ（テンカウント法と呼びます。拙著『上手な怒り方』参照）、もしもあなたが黙っていることができれば、相手の怒りも沈静化する場合があります。

怒りの脳は旧脳に属し、非常に反応が素早いので、パッと怒りで赤くなったり青くなったりといった変化は即座に相手の顔に現れるのです。

ポイント

青くなっている人は、恐怖か怒りを感じているとき。相手に近づかないのが無難。

40 ちょっぴり目じりを下げた笑いは?

――押し殺した快感

目尻が下がった場面

久しぶりにある証券会社を訪ねた時、何度か人材研修でやりとりをした三十代のYさんが、斜め横から見ても目じりを下げ、かすかなスマイルを浮かべて机に座っているのに気がつきました。

周りの人に「Yさんに何かいいことがあったの?」と聞くと、「最近結婚して、会社には愛妻弁当持参ですよ」とクスクスと笑いながら教えてくれました。

「あら、おめでとうございます。ステキなことでしたね」と改めて彼に声をかけたら、とたんに今度、目じりを下げた小さな笑いは目だけではなく口まで大きく広がり、「いや、どうもありがとうございます」と口元から白い歯が何本かこぼれ出ました。

読みとりヒント

一般的にちょっと目じりを下げた笑いは「快感のサイン」です。快感に属するものは満足だったり達成感だったり、美味しい、楽しいというような情緒的な満足だったりします。

表情変化が小さいと見落としてしまうこともありますが、この表情は、本人にとってもまわりの人にとっても、もっとも安心していられる顔つきです。きっと職場や家庭の雰囲気もいいときでしょう。

あなたの対処法

仕事相手のクライアントや仲間がこんな表情をしている時は、あなたはどんどん話を自分のペースで進めても大丈夫です。相手は十分乗っているのですから。

また、あなたもなるべくこんな小さな微笑みを口だけでなく目にも浮かべられるように、鏡の前で練習をしてみてください。この表情は本当に心から相手をつろがせるものです。

前に、デュシェンヌの口だけ笑って目のまわりが笑わない「見せかけのスマイル」のことを書きましたが、それは相手を警戒させてしまいます。あなたが目じりまで笑っていると見た人はみな「いい人だな」「話しかけやすいな」と感じて近よってきます。

あなたがなるべくいつもこんな顔をしているためには、心の中で、うまく行った人間関係、成功した仕事などの快感体験をいつも思い出して大切にすること。また、自分のまわりの小さなできごとに心から感謝することが大切です。そんな小さな喜びの習得をつけましょう。

ポイント

目じりが下がった笑いは情緒的満足のサイン。

41 目も口も大きく開く話し方は？　表情筋すべてに力が入って

——達成感

頬にグインと力が入る場面

ハニカミ王子というあだ名のある石川遼選手はいつもは、質問する記者の顔をあまり強い視線で見たりはしません。ところが、大きな試合でみんなの期待が一心に集まっているような場面で優勝を果たすと、その時のインタビューでは表情筋すべてに力が入っています。

読みとりヒント

頬は盛り上がって、「そうなんです、思いがけずうまくいきました」と言う時に、口角挙筋、大頬骨筋、小頬骨筋、頬のすべての筋肉がぐいんと盛り上がります。目にも力が入っていて微笑んでいるのですが、下まぶたの下眼瞼挙筋が持ち上がって、目を下から押し上げているような感じの目つきをします。

目の下側が盛り上がっているような感じです。

あなたの対処法

もしもあなたの部下や同僚がこんな顔をして仕事の報告に来たら、多分その仕事は本当にうまくいって、本人は達成感を噛みしめているのだろうと気づいてあげてください。

達成感は、本人が「達成欲求」を具体的な努力と成功の形にして、それが外から認められたときに心にこみあげる強い誇りを伴う満足感です。

だから「おめでとう、よくやったね」が、その時のあなたが発すべき一番いい言葉です。相手はその言葉で本当によけい嬉しくなるでしょう。

ポイント

表情筋すべてに力が入って、目の下が盛り上がっているのは強い誇りを伴った満足感のサイン。

42 閉じていた目を急に見開くのは？
――何かを思いついた「覚醒」

閉じた目を急に見開く場面

鳩山首相が初の所信表明演説をするというので、国会にたくさんのテレビが集まりました。

ところがその数十分間のあいだに何度か、座席で聞いている菅直人議員の顔にカメラが回ったのです。

私はその日の国会中継をAテレビ局に頼まれて分析することになっていましたから、注意深く見ていました。

すると、あろうことか菅さんは、首をこっくりこっくり振りながら途中で居眠りをしました。

居眠りをしていた時間は数十秒間だったでしょうか。それでも、寝てはいけないと思うらしく、首をちょっと横に振ったりして眼を開くのですが、結局また眠そうに目を閉じていたのです。

ところが、話題が自分に直接関係するところに来たとたん、彼はパッと大きく目を見開き、鳩山首相の顔をじっと強い眼光をたたえて見つめたのです。さっきとは別人のような、気の入った顔です。

読みとりヒント

これは「覚醒欲求《かくせい》」のサインです。「覚醒」は目ざめです。文字通り、自分に何か関与する、関係がある、関心がある、だからしっかり目をさましていたいという気持ちの表現です。

セールストークをしている場合など、聞いている相手が途中までは眠そうな顔をしていたのに、料金の話になったら急に目を大きく見開けば、相手の気持ちがここで不覚醒状態から覚醒欲求へとスイッチが切り替わった証拠です。

あなたの対処法

その人の一番関心のあるところはどこかをこの閉じていて急に開く目の動き

が表しています。

もしも商談中のあなたの相手の目にこの変化が出たら、すかさずチャンスだととらえてそこを丁寧《ていねい》に注意深く説明することが商談を成功させることになっていきます。相手の目の見開きがあったのに、それを無視して次の話題に移行してしまうと、相手は又目を閉じてしまって、結果として商談がうまくまとまらないハメになります。

仕事がとれる人とは、相手の目つきの変化をしっかり見ている人だ、と私は確信をもって言えます。

ポイント

相手の急な目の見開きは、気づきのサイン。上司は部下のこの表情を見逃すな。

43 視線を外して筆記具をもてあそぶのは？

――「適応動作」で欲求不満のしるし

発言したい場面

何人かのコメンテーターが一緒に一つのテーブルにつくテレビ番組がいくつもあります。

私自身も何度かいくつかの番組でコメンテーターとして出演したことがありますが、自分が出演している時にはなかなか気づかないのですが、聞いているときについやってしまう動作があります。

自分の視線を今話している話し手から外して、右手や左手に持っている鉛筆やボールペンをクルクルと回転させたり、ボールペンのお尻をトントンとテーブルで叩いたりする動作です。

そんな時私たちの視線は、必ず話し手から外れて、中空を漂っているような「アテ先不明」の目つきをします。

読みとりヒント

実はこれは専門的には、「適応動作」（アダプターズ）と呼ばれる動作です。外界に対して「何かうまくいってない」と感じる場合に出る動作です。

先のコメンテーターの場合は、自分が発言をしたいのですが、ほかの人が発言してしまい、しかも、それがこれから自分がしゃべろうとする内容だったりすると、自分の発言権を奪われて欲求不満になります。

それがこの鉛筆のもてあそびに出るわけです。自分の心の不満を何か他の動作で埋めあわせようとする無意識な動作です。

あなたの対処法

あなたの同僚を見回してみてください。

話しながら視線をあなたから外して何か筆記具をもてあそんでいれば、「本当はそこで僕が話したいのに」という自分の自己表現欲求をおし殺しているるしです。彼の心には強い欲求不満があります。

日頃のその人の発言量なども思い出してしっかりと判断し、早めに手を打ってください。

相手からもしもそんな動作が出ていたら「あなたの出番ですよ」というようにまず自分の発言を止めて、相手の方にうながしの視線をおくってあげましょう。相手の主人公欲求を満たしてあげると、きっと喜ばれます。

ポイント

視線を外して机の上のものをもて遊んだら、何か出番を待っているサイン。

44

目を見て小さなあいづちは？

――同意と励まし

うなずきの場面

先日、慣れない不動産会社に就職した卒業生のN君が研究室にやってきました。

気難しい上司だと聞いて彼は緊張して仕事をしていたのですが、「上司に新しいお客さんの話をした時に、とくに何かを言われたわけではないけれど、よく僕の顔を見てフムフム、フムフムというように首を振ってくれたら、僕はどんどん話せたんです。なんだか話しやすいなという感じでした。綾子先生の言っている『言語調整動作』ですね」と言いに来ました。

読みとりヒント

「言語調整動作」（レギュレイターズ）は、一般の人にはあまり知られていないことばでしょう。パフォーマンス学の専門語です。相手の話のスピードを止めたり促したりする大きな効果を持っています。

上手な相槌がその代表的なもので、とくにことばを使って「素晴らしいですね」と合の手を入れなくても、首を小さく振って相槌を打っているだけで相手は十分励まされ、認められているという感触を持って満足し、どんどん話を進めるのです。

あなたの対処法

たとえば、自分よりもはるかに知識の多い人に会う時、とても偉い人に会う時など、私たちは誰でも緊張します。何を話したらいいのかしらとうろたえたりもします。

でも、そんな心配は無用です。相手の話を聞きながら、上手にほどよい相槌を打ちましょう。

首を振るのでもいいですし、目の見つめで自分の注目と傾聴と尊敬を伝えるのも有効です。

「そうですか」と感情のこもった小さな声を出すのもOKです。

言語調整動作をうまく出せる人は、相手からどんどん好感を集めていきます。一般的に「聞き上手」と呼ばれる人は、この相槌がうまいのです。

ポイント

相手の目を見て「相槌」を打てば、それだけでも充分好かれる条件になる。

45 女性が「うつろ目」をして髪を指でもてあそぶのは？

――「欲求不満」の見えかくれ

髪をもてあそぶ場面

旅行会社で「君は気が利いてすばらしいね」と部下の女性添乗員を褒《ほ》めていたH氏は、褒めた女性の隣の席の同僚女性の動作がふと気になりました。ちゃんとH氏や当の同僚を見るでもなく、視線をうつろに宙に漂わせてずいぶんとひんぱんにこめかみあたりの髪を指に絡ませているのです。

なんという不真面目なやつだと腹が立ったとのこと。

「こちらの女性のここが素晴らしい、その才能はたいしたものだと言っているのだから、いっしょに聞いてそこからすなおに勉強すればよさそうなものなのに、髪をもてあそんでいるとは一体何という不真面目なことか」と言うのです。

読みとりヒント

でも、これは上司の勘違いです。女性が指で髪をもてあそんだり絡ませたり、時には枝毛をぶつんとむしったりして視線が左右に泳ぎだしている時、それは不真面目というよりほとんどの場合は「欲求不満」のサインです。

正しく上司から評価されていない、話を聞いてもらえていない、自分よりも実力のないほかの人が評価されている、などの不満がこの動作と視線の泳ぎに表れるのです。

もっと私の「話を聞いてよ」「私の方も注目してよ」というサインの時もあります。

あなたの対処法

もしもあなたの同僚や奥さん、恋人などがこんな動作をしていたら、何が不満なのかをそれとなくソフトに聞いてみることをおすすめします。

欲求不満は長く積もると怒りに変化し、キレたりウツになったりして手がつけられない方向へ進んでいく場合もありますから、早い内にしっかり話を聞いてあげるのが、一番賢い対応です。

ポイント

女性がうつろな目で髪をもてあそぶのは、欲求不満を伝えていると思ってよい。

46 眉間を揉むしぐさは？

――疲労と行き詰まりのサイン

眉間を揉む場面

高い能力がありながら若くして亡くなってしまった自民党の中川昭一議員は、左手の人差し指と親指で眉間をはさんで何か揉むようなしぐさを、亡くなる半年ほど前から頻繁にしていました。

めいていい会見のあとのテレビの記者会見の様子を見ていてそのことに気づき、「相当疲労して行き詰まっているのではないかしら」と私は別の番組で発言したこともあります。

読みとりヒント

片方の手の親指と人差し指で眉間をつまむと、ちょうどミミズがたてになったような縦の三本ジワが寄ったような形になります。一本だけ縦にギュッと深く寄る場合もあります。

これは正式には皺眉筋《すうびきん》（あるいは「しゅうびきん」）と呼ばれる眉間の筋肉ですが、困った時に困惑の感情や疲労感、徒労感などの感情が起きると自然に中心に寄ってきて縦ジワになる部分です。

そこをまだ縦ジワが寄っていないのに指ではさんで、なぜか人工的にそんなシワを寄せているような動作をするのです。

その時、眉頭が上に引き上げられ、目が寄ったような感じになります。

これは「疲労困憊《こんぱい》」「もうダメだ」「どうしようもない」という時に私たちがやる動作と目の動きです。

あなたの対処法

もしも、友だちや上司にこんな表情としぐさが出たら、「ああ、困っているのだな」と思って上手に対応しましょう。

何かあなたの方が彼に文句をつけたり言いたいことがあっても、ここはグッと我慢をするほうがおすすめです。

文句を言ったり新しい課題を与えたりすると相手をとことん追い込んでしまい、相手を立つ瀬がないという状況にさせる可能性が高くなってしまいます。

ポイント

眉間を揉むのは疲労か行き詰まりのサイン。相手を、追いつめてはいけない。

47 両眉が上がった「出目金」状態は?

——はげしい恐怖

眉があがって白目をむく場面

中堅どころの建築会社の事務をしている女性が、私と話し中にNTT株暴落のニュースが携帯電話で入ってきました。大金を全部はたいてNTT株を買ったという彼女は「エーッ」と言ったなりおそろしく大きく目を見開きました。両目が引き上げられ、引き寄せられ、上まぶたがギューンと上がって、白目が前に飛び出してくるような感じでした。

読みとりヒント

これは恐怖のサインなのです。怖い、助けてほしい、ここから逃げ出したい、という感情の表れです。

上のまぶたに異常に力が入って、眉を動かすたびに一緒にまぶたが上下する時もあります。

この恐怖のサインは怒りや驚きの表情と一見とても似ているように見えます。

特徴的なのは、眉のあいだに縦ジワが寄って上眼瞼挙筋に力が入り、両目を大きく凝視して、ちょうど出目金のように目が飛び出したような感じになることです。

これが恐怖の特徴です。

あなたの対処法

実際に職場でこんな顔の表情を見ることはほとんどないでしょう。

でも、もしもあなたと話し中に相手の顔にこんな表情が出たら、よっぽどあなたはひどいことを言ってしまったのです。

相手を怯《おび》えさせてしまった可能性もあります。関係改善のために一番いいのは、その時にすかさず、

「すみません、それほど強い意味じゃなかったんですよ」

と自分の言葉の強さを急いでわびておくことをおすすめします。

ポイント

両眉が寄り、上まぶたが上がったら恐怖と逃避のサイン。

48 下まぶたがゆるんで、唇の両端を強く引いて上に上げるのは？──心からの幸福

下まぶたがゆるむ場面

いつもは厳しい顔をした銀行の上司が、外での支店長会議から帰ってきたら、何だが顔つきが違います。目もとがゆるんでいるような顔をして「Y君、おそくまでがんばって、お疲れさん」。

言われたYさんは、日頃の彼を知っているだけに上司がこのあと何を言うかしらんと半信半疑だったとのこと。するととと上司が「さて、何か約束がなければ食事に行こうか」と言ったので、とび上がるほどびっくりしたそうです。

お孫さんの話をする時のおじいちゃんおばあちゃんは、みんな下まぶたの下がゆるんでいます。

読みとりヒント

さらにまぶたをゆるめた状態で、唇の両端を歯のほうに引いて、ちょっと上げています。これが「幸福のサイン」です。

私たちは大きな喜びの感情が湧いたときでも、目じりを下げて大きなスマイルをします。幸福の場合は、穏やかさの感情がそこに加わります。

この穏やかな気持ちの表れが、下まぶたのゆるみなのです。気持ちが落ち着いて、かつ安心していて喜んでいる幸福の表情です。

あなたの対処法

あなたが久しぶりに会った友人がこんな顔をしていたら、大体仕事も家庭もうまくいっているのだなと思って、こういう人と付き合いましょう。

「いいことあったのね」と声をかけるのもおすすめです。相手は待ってましたとばかり、楽しい話をどんどんどんどん聞かせてくれます。
このような明るい感情を表現している人には同じように明るい感情と表情の持ち主が集まってきます。お付き合いするならこんな表情の人がおすすめです。

ポイント

安定した幸福感は下まぶたと口もとのゆるみに出る。

49 コンスタントでまったく同じスマイルは？
——ゴマカシか詐欺師

コンスタントすぎるスマイルの場面

某大手テレビ局のKディレクターが私のゴルフの先生から、高級ゴルフセットをバッグも含めて丸々騙《だま》しとりました。

詐欺にあってしまったS先生はすっかりしょんぼりしています。

「まったくどうしてこんなことになったのか。Kディレクターの勤めている局は大手だし、名刺も見たことがあるし、彼は腕のいいディレクターだと聞いていたんですよ。今までレッスン代だって払わなかったことは一度もない。ところが、今回のゴルフバッグセットに限って、『では次回のレッスンに持ってきますから』とバッグごと車に積んで出たきり、ついぞ現れなかった」

というのです。

テレビ局に電話をしたのですが、あとの祭り。Kディレクターはこの局を辞めてしまっていました。

読みとりヒント

まったく、大手テレビ局の正社員なのに、普通ならばありえないことです。局名をはっきり書くと支障があるのでこれは書けませんが、私は実は、Kディレクターは詐欺師か、何かをごまかしているだろう、と顔を見るたびに不安を感じていました。

その理由は、いつも同じスマイルをコンスタントに浮かべているからです。「いや、佐藤さん、こんにちは。仕事はうまくいっているようですね。それは結構」ニッコリ。

「先日のコンペではいいスコアが出ましたか。そう、たまにはスランプもありますよね」ニッコリ。

このニッコリが本当にスタンプで押したようにまったく同じ表情筋の動きをするのです。しかも、同じ表情が不必要に長く続きます。

最近よく使われる「スマイル仮面」という言葉は、実はKさんのこの顔にピタリなのです。顔の表情筋を自由に操り、同じスマイルを意識的に浮かべている結果です。

ゴマカシ屋や詐欺師の表情の特徴は、①同じスマイルが長続きしすぎる、②表情筋の形や強さがいつもまったく同じように動く、③とくに愉快な場面でもない、の三点です。

これは、エレベーターガールが「三階でございます」ニコリ、「四階でございます」ニコリ、とする時のスマイルとまったく同じで、そこに強い演技性がかかっています。

しかも、ごまかしや詐欺師の場合、意図的にその演技性を悪い方向に使うので、できばえはとても上手です。こんな人に引っかかったら本当にひどい目にあいます。

あなたの対処法

職場ではよく「あなたのためだから、これをやっておいてよ」と上司が言う時に、実は上司や先輩がこのようなスマイルを浮かべる場合があります。

「あなたのため」ではなくて、本当は彼の何かの都合のためなのです。こういう人物に対しては、あなたは半信半疑で、本当は他の何の目的があるのかしら、と考えてかかるのが一番です。

ポイント
スタンプで押したようなニッコリ笑顔は演技の笑い。「スマイル仮面」には要注意。

50 下からのすくい目は？
――「あなたについていきます」の服従欲求

すくい目の場面

外資系で能力主義で有名なコンサルタント会社で講演をした時のことです。副社長が開会の挨拶をしたのですが、その際に横に秘書と呼ばれる女性がついていました。

そして、副社長が何か言うたびに、この秘書は下からちょうどすくい上げるように副社長の顔を見るのです。

「はい、そうです」

「はい、お持ちしております」

「時間は大丈夫です」

といった短いやりとりなのですが、そのたびに斜め下から副社長の顔を、ちょうどコップで水をすくうようにすくい上げて見ています。

読みとりヒント

この視線は実は「服従欲求」のサインです。「何でもあなたの言うとおりでございます」という視線です。うだつの上がらない会社員がごますりの時に使うのも、このすくい目です。

犬の場合はお腹を見せてゴロンと転がりますが、人間の場合はすくい目が一番服従欲求が表れます。

あなたの対処法

あなたが社内で誰と誰がどんな関係なのかということを知らないで、それをはっきり人に聞くのもはばかられるときには、誰が誰に対してこの目線をしているかを見るのが一つの見極めになります。

観察するのは会議中でもいいし、雑談中でもけっこうです。そして、この二人に立ち入らないようにしましょう。

あなた自身はどうぞ何があってもこのすくい目をしないでください。傍《はた》から見ていて、何かとても卑屈な感じがします。

ポイント

「下からすくい目」は服従と卑屈のサイン。
クセにならないように要注意。

51 アゴを突き出し微笑んで、上から見下ろすのは？

――優越感と支配欲求

アゴを突き出し見おろしの場面

麻生元首相が記者と話す時、アゴを前に突き出し、口元だけ微笑んで、上まぶたを少し下に下ろし、上から見下ろすという表情をよくしました。

このような目線の動きがまさしく「上から目線」で、自分より下の者に対して自分が上位であるということを確認したい「支配欲求」のサインです。

読みとりヒント

その心は、「君より僕のほうが上だよ。そんなこと聞かれる前からわかっていたよ」。

これで見ている相手には十分支配欲求が伝わっていきます。

誰でも人から不必要にコントロールされるのは嫌いです。したがってこんな顔でアゴを突き出して微笑み、上方から人を見ると、大概の場合、見られた相手は「こんな人に支配されたくない」と思って彼を嫌いになるか、場合によってはうまく逃げ出します。

あなたの対処法

上司がこのような目であなたを見ていたら、あなたをかわいがるというよりは、うまく手なずけて言うことを聞かせようという意図が見え見えですから、仕事の教えを請うたり助言をもらうのはいいのですが、それ以上はかかわらないように気をつけましょう。

さらになにか相談するときも、できたらもっと部下思いで、権力意識の少ない助言者を探すことをおすすめします。まっすぐにあなたの目を見て、その目に愛情や思いやりがこもっているような人が最適です。

ポイント

「アゴの突き出し微笑」は支配欲求のサイン。
「上から目線」になるので要注意。

52 頬と眼のまわりと口のまわりが一緒に収縮するのは？

——正直な喜びのサイン

大頬骨筋と眼輪筋が収縮する場面

先日、休みを利用して出かけたホテルで、隣のテーブルに赤ちゃん連れのご家族がいました。大きなお座敷で座って食事をするスタイルだったので、この赤ちゃんの側に祖父母と思われる人二人とお母さんの、合計三人がいました。たまたまお母さんが化粧室か何かに行くために中座をしたのでしょう。十分ほどの間、祖父母らしき人が赤ちゃんをあやしていました。

そこへお母さんが帰ってきました。お母さんが近づいてきたら、赤ちゃんはすぐに全身で大喜びの反応を示しました。

手足をばたばたとさせて喜んでいるのですが、その時の顔が本当に特徴的でした。

口の周りも目の周りも嬉しそうにきゅっと収縮して、顔中をくしゃくしゃにしていました。

読みとりヒント

そこで私が思い出したのは、何年か前に読んだ、まだ十か月の赤ちゃんであっても他人が近づいてきてあやした時に反応する時の顔と、本物のお母さんが近づいてきてあやす時の顔が全く違うという心理学者の論文です。

他人に対しては赤ちゃんは、口の周りの筋肉だけが動き、目の周りの筋肉は動かず、本物のお母さんの時は目の周りの筋肉も収縮するという心理学者のフォックスが書いた一九八七年の発達心理学の論文でした。

私はちょうどこのホテルに来る前日に、二年半ぶりにカムバックした沢尻エリカさんの記者会見をNテレビ局の依頼で分析しました。

それは二年半ぶりに女優、あるいはタレントとしての活動を再開するための記者会見でした。席上彼女は、「本当にこれは喜ばしく感謝に堪《た》えない嬉しいことだ」といっていました。

その時の表情が、研究者の私にとっては、あまりにも異様でした。彼女は、眼輪筋と口輪筋の動きの大幅なズレを示していたのです。

彼女は口の両サイドの口角挙筋をキュッと収縮させ、そのため口の両サイドには二本の小さな縦じわが刻み込まれました。そして大頬骨筋も一緒に動かしたので、顔の下半分を見る限り本当に嬉しそうに笑っています。

けれど顔の上半分はまったく笑っていません。目の周りの筋肉つまり、眼輪筋が全く動いていなかったのです。不思議な感じでした。私をインタビューしにきたテレビのディレクターも「なんだか理由を説明できませんが、変な顔つきですね。本当に喜んでいるようには思えません。なぜでしょうか」と、私に質問したくらいです。

これについては、私が先に第7項（四二ページ）で引用したフランスの神経学者デュシェンヌの説を思い出して下さい。

正直な喜びの感情は大頬骨筋と眼輪筋が一緒に縮むけれど、嘘の笑いでは眼輪筋が動かないというものでした。

表情研究の第一人者、ポール・エクマンもこれについてはデュシェンヌの研究が一八六二年であって、やや古かったために、後にいくつも追加の研究を重ね、やはりこれは正しいということを証明しています。

「眉毛の下の皮膚を引き上げて、そして頰を持ち上げる目の外側の筋肉は本当に嬉しくないと動かすことができない。でも上手な俳優さんは、自分が楽しかった時の感情を思い出して自然にこの表情を作ることができる場合もある」という主旨の記述でした。

「嬉しくてしょうがない」とか「大好きなお母さんが側に来た」というような正直な喜びのサインは大頰骨筋も眼輪筋も一緒にキュッと縮むのです。

電気刺激でデュシェンヌがやった場合でも、あるいはタレントさんがこれは喜びの場面であると証明するために表情筋をわざわざ意識的に動かした場合でも、目の周りの筋肉も口の周りの筋肉も動きます。しかし、眉の外側の筋肉まで一緒に同時に収縮させるということはできないことを、証明したのでした。

あなたの対処法

正直に喜びのサインを表している人のそばには進んで走っていきましょう。喜びのお裾《すそ》分《わ》けがあります。本当に良いことがあったのですから、お愛想笑いをしているわけでもないし、あなたを騙そうと思って笑っているわけでもないのです。

「自分が楽しくてしょうがない」。そんな人の側にいけば、「笑う門には福来《きた》る」ということわざ通り、良い事がきっとあなた自身にも降ってくるでしょう。

あなた自身も、嬉しいときは心の中で、喜びの感情をしっかり噛みしめながら、目の周りと口の周りの筋肉の両方を動かして喜びのサインを浮かべましょう。

きっと、あなたのまわりに運のよい人、成功している人、性格の良い人、が集まってくるに違いありません。

ポイント

顔中クチャクチャで正直に喜んでいる人のそばに行こう。

エピローグ――楽しみと喜びの表現

(1)心地よさを大切に

先日、某テレビ局の番組で、「市ヶ谷のマザーテレサ」と呼ばれる在宅看護の名人が紹介されていました。

その番組を見ながら、私はふと不思議なことに気づいて感動したのです。彼女は末期癌《がん》の患者さんを、それぞれの家々に、自転車や車で訪問して歩き、その患者さんを心から慰《なぐさ》めることのできる素晴らしい才能を持っておいででした。

そして彼女は、患者さんが喜ぶことが意外にも些細《ささい》なことだったことにも驚きました。身の回りにあるちょっとしたことで、末期癌で余命幾ばくもないと分かっている人でも、小さな幸福を感じることができ、それを大切にしていることがわかったのです。

それに気づいた彼女は、患者さんが小さな喜びを確認するために、「ほら庭に花が咲いていますね」と、患者さんに笑顔で声をかけるようにしたとのこと。そんな彼女の態度がみんなに感謝され喜びを呼んでいるという内容でした。

画面では、例えば病院で息を引き取ることを望まずに、最後まで自宅で暮らしたいと自宅に戻ってきた患者さんが、窓ガラスの向こうの緑を見て目を細めています。幸せそうです。

小さな喜びを味わっているのでしょう。飛び上がって喜ぶような大きな事柄ではなくて、心地よい、なんだか少しだけ幸せという発見です。

こんな感情が患者さんの顔中に表れて、癌治療の副作用で髪が薄くなっていながらも微笑《ほほえ》みを浮かべ、心から楽しそうでした。

大きな喜びや、ビジネスや生活での大成功を狙わなくても、ちょっとした心地よさを大切にしているだけで、こんなに素敵な顔ができるのだと私も驚いたのでした。

(2) 愉しみ(amusement)を大切に

私と同じような中年の女性同士が旅行しているのを観察していると、実によく喋《しゃべ》ることに驚かされます。

どこそこの何々が美味《おい》しいとか、ちょうど乗っている電車の窓の外に思いがけず、季節よりも早く桜が咲いているとか、そんなことをちょっと言っては楽しそうに「あはは」と笑います。

同じようなことは中年の男性同士が旅行している時の顔を見ていても起こります。これは何かグループの中の一人が冗談を言っていることに対して、周りが反応している時です。

誰かが言った言葉尻をとらえ、その言葉を使ってダジャレを言う。その冗談が良質なユーモアであるとか、洗練されているということを抜きに、同世代の男性たちが声をあげて「あっはっは」と笑っています。

この顔もまた、顔の上半分と下半分がともに大きく動いて、笑顔も大きく表れて、面白《おもしろ》そうなのです。

私が教鞭《きょうべん》をとる大学の学生たちも、コメディアンから拝借して授業で使ったちょっとした冗談にお腹を抱えて笑います。そんな時、彼らも顔中の筋肉をくしゃくしゃに収縮させています。

自分を楽しませ、人を楽しませる冗談を言ったり、小さなことでもことさらに皆と一緒に注目したりして、愉《たの》しみを分け合う。こんな時、私たちはとても素敵な顔をしています。

もしもあなたが、そんな表情をしていたら、あけっぴろげな感じに魅《ひ》かれて新しい友だちがどんどん集まってくるでしょう。

これは、なりふりを構わない愉しみの顔と言ってもいいかもしれません。庶民的で親しみのある顔で、これだけで人を引き付ける大切なプラスの磁場ができているようです。

(3)素敵な驚きを大切に

私が尊敬する顔の表情研究の第一人者、ポール・エクマンが嘘《うそ》についての新しい本を出したというので、急いで取り寄せてそれを読んでみました。

〝Emotions Revealed〟という二〇〇四年の本です。サブタイトルは〝Recognizing Faces and Feelings to Improve Communication and Emotional Life〟

です。

厄介《やっかい》な厚い本を、時には辞書を引き、ふうふう言いながら読み進めていって、私は仰天《ぎょうてん》しました。

なんとこのポール・エクマン自身がとても驚いたこととして、ニューヨーク大学の教授、リチャード・シェクナーと会って話した時のことを書いていたのです。

「信じられないことだけれど、リチャード・シェクナーと私は、子どもの頃同じニュージャージー州のニューアークで育ち、なんと私の母親が亡くなった時に、父が家を売りだしたら、リチャード・シェクナーの両親がその家を買った。そして自分が使っていた部屋とリチャード・シェクナーが使っていた部屋は同じ部屋だった」と書いてあったのです。

「驚いて興奮と嬉しさが抑えきれない」とエクマンは書いていました。

これを読んで飛び上がるほど驚き、とても嬉しかったのはこの私自身です。

世界で初めて、ニューヨーク大学演劇学科で、パフォーマンス学がスタートするということを、当時赤坂にあったフルブライト委員会の本棚のパンフレットで知り、単身ニューヨークに飛んでいき、強引にリチャード・シェクナーの弟子になったのが私だったからです。

一九七九年のことでした。そして八〇年に、ニューヨーク大学演劇学科からパフォーマンス研究学科に名前を変えた修士課程を終え、修士号を取って帰国して、日本初のパフォーマンス学を開始したのが一九八〇年。

それが、私のパフォーマンス学元年だったのです。

その時の、私の指導教授シェクナーとの出会いに、顔を輝かして喜ぶエクマンのことを、表情研究の第一人者エクマン自身の本の中で読むとは、何という偶然であり、驚きでしょう。そして喜びでしょう。誇らしさでしょう。

こんな素敵な驚きで、書斎の椅子《いす》に座ったまま私は顔中をぱっと大きくして、「キャッ」と叫んで飛び上がりそうになりました。

もしもその時の私の表情を、カメラで撮ることができたら、きっと大きく目も口を開け、しかも嬉しくて目がまん丸に大きくなって、きらきらと輝いていたに違いありません。

素敵な驚きの感情は、そう何度も人生にあるものではないと思われますが、とても喜ばしい驚きに出合ったら顔中を動かして大いに喜んで、全身を喜びの表現媒体にしましょう。

それは人間にとってごく自然な表情の動きですから、それを見ているまわりの人も一緒に驚き、きっと一緒に幸せな気持ちになるに違いありません。

⑷達成感を大切に

楽しみと喜びの表現ができることは、まわりにどんどん人が集まってくることになりますが、それが自分の努力の結果得られたことであればなおさらです。

バンクーバー冬季オリンピックのフィギュアスケートで、何回もの怪我《けが》を克服しながら銅メダルを勝ち取った高橋大輔選手が自分の演技を終わった瞬間の顔は、一度見た人なら忘れることができないでしょう。

顔中の筋肉に強く力が入り、それが外側に向かって一気に開いているという感じがしました。

「やった!!」という感じです。

力強く、握りこぶしを握り、天に突き上げ、足はさらに強く大地を踏み、全身に力が入り、顔も体も一回り大きくなったような印象を受けました。

努力してきただけに何かを「達成」した時の喜びというのは、このようにその人の顔も体も一回り大きく見せるものなのでしょう。

あらゆる表情筋や全身の筋肉が天に向かって伸びているような感じです。

こんな表現をしていれば、まわりから自然に祝福や拍手が集まってきます。きっと、「やったね」と一緒に喜んでくれるに違いありません。

(5)感謝を大切に

伝統的な日本の家庭の夫たちは、奥さんが作ったお料理に「ありがとう」とか「美味しいよ」とか「君は天才だ」とかいちいち言うようなことは苦手でした。

でもこの頃は、随分とそれも改善されてきて「君の作った料理は美味しいね、ありがとう」と顔をほころばせて、感謝の言葉を口にする夫も増えてきました。

私が結婚した頃には、とてもこんな具合にはいかず、「美味しいかまずいかを、口で言ってよ」と何度も当時の夫に催促《さいそく》をしたものです。

感謝の気持ちが心の中に浮かんだ時、目尻を少しだけ下げて小さなカラスの足跡を作り、口元をほころばせて、目尻の筋肉を下に引いて、目の周りを収縮させて「ありがとう」と言うことは、それを見た相手の心に率直な喜びや感謝を伝えていきます。

感謝の気持ちには「ミラー効果」があり、相手からこんなふうにお礼を言われれば、言われた人の心にも幸福がいっぱいになり、自然に穏やかで楽しそうな微笑みが相手の口元にもこぼれてきます。

結局のところ、自分の表情が幸福を伝えていればいるほど、私たちは自分たちの周りにたくさんの人を、ちょうど自分がマグネットになったかのように、吸い寄せてくることになるでしょう。

人間関係づくりの最大の磁場は、あなたや私の、楽しさと喜びの顔にほかなりません。

いつも心に、「心地よさ」「愉しみ」「素敵な驚き」「達成感」「感謝」の五つをしっかり感じながらそのことを素直に顔に表現していけたら、きっと私たちは自分も幸せ、そしてそれを見ている人々も本当に幸せな、「幸せ仲間」になっていくに違いないのです。

本著は一瞬の表情から本音を見抜くための様々な心理学的なヒントを書いてきました。

「読顔力」は、いままで様々な研究や犯罪学などでマイナスの感情の読みとりに使われることが多かったのです。その感情が嘘などのマイナスの要素にかたよってしまったのは、生活やビジネスの必要上しかたのなかったことかもしれません。

けれど読みとる感情がプラスのもの、喜びに満ちたものであればあるほど、読みとった私たち自身もまた幸せになるのは確かです。

「本当の読顔力は幸せのためにこそ使いたいものである」という私の本心をお伝えして、結びの言葉といたします。

こんな明るい言葉であなたに終わりの挨拶《あいさつ》ができ、にこやかな顔でペンを置くことができることに心から感謝します。

本著は、私の単行本『一瞬の表情で人を見抜く法』をもとにしましたが、新しい実験をくり返して、構成も見出しも、「すべてを書きおろした」といってもよいほどにそのほとんどを作り変えました。

また、顔の表情の心理学は、パフォーマンス学の中でも特に私の専門分野でもあるため、研究データもたくさん使い、長い執筆時間がかかりました。

専門的な内容を具体的にできるだけ簡単に書くよう努力しましたが、最後まで読んで下さった読者と本著誕生にご尽力下さった、ＰＨＰ研究所文庫出版部の山田雅庸さんに、心から感謝を申し上げます。

二〇一〇年　桜の季節の書斎から

佐藤綾子

【佐藤綾子関係諸団体とその連絡先】

佐藤綾子のパフォーマンス学講座®

（文部科学省認可　社団法人パフォーマンス教育協会後援団体）

［連絡先］ 国際パフォーマンス研究所
〒156-0045　東京都世田谷区桜上水4-18-26
Tel: 03-5357-3855　Fax: 03-3290-0590
ホームページ　http://www.spis.co.jp/seminar/
E-mail：information@spis.co.jp

1994年４月に創立。長年の歴史と高い評価を誇る自己表現能力向上のためのセミナーです。１年間で公認パフォーマンスカウンセラーの資格取得可能。さらに、専科コースを経て、文部科学省認可団体社団法人パフォーマンス教育協会の認定資格・認定パフォーマンスインストラクターあり。2010年現在、隔週土曜日の通年講座開講中です。随時入学可能。講座一コマを聴講できる体験入学制度もあります。ご希望の方には入学案内書をお送りします。

社団法人パフォーマンス教育協会（国際パフォーマンス学会）

［連絡先］ 社団法人パフォーマンス教育協会
（国際パフォーマンス研究所内）
Tel: 03-5357-3858　Fax: 03-3290-0590
ホームページ　http://www.ipef.jp/
E-mail：shadan@spis.co.jp

1992年10月に設立された日本初の産学協同体制の学会です。コンベンション、セミナー、ワークショップ等をおこなっています。会員には機関誌・ニューズレターを配付します。ご希望の方には入会案内書をお送りします。

※パフォーマンス及びパフォーマンス学（日常生活における自己表現学）は佐藤綾子により商標登録されています。許可なく使用を禁じます。

著者紹介

佐藤綾子（さとう　あやこ）

長野県生まれ。信州大学教育学部卒業。上智大学大学院文学研究科を経て、ニューヨーク大学大学院卒業。上智大学大学院博士後期過程修了。博士（パフォーマンス学・心理学）。日本大学芸術学部教授、社団法人パフォーマンス教育協会（国際パフォーマンス学会）理事長。国際パフォーマンス研究所代表。日本のパフォーマンス学の第一人者として政界、財界、医学界に多くの支持者を持ち、広く社会人のパフォーマンス教育に情熱を注いでいる。

著書は、『自分をどう表現するか』『思いやりの日本人』（以上、講談社現代新書）、『プレゼンに勝つ！「魅せ方」の技術』（ダイヤモンド社）、『目つき・顔つき・態度を学べ!!』（ディスカヴァー・トゥエンティワン）、『日経WOMAN　元気のバイブル』（日経ビジネス人文庫）、『人とつきあう自己表現』（福音社）、『学級で生かすパフォーマンス心理学』（金子書房）、『２秒で愛される人になる』（幻冬舎）、『書き込み式　１週間ハッピープログラム』（二見書房）など。本著が158冊目にあたる。

本書は、2009年１月にＰＨＰ研究所より刊行された『一瞬の表情で人を見抜く法』を再構成し、新しい実験データに基づき、大幅に加筆・修正を加えたものである。

PHP文庫　読顔力
一瞬の表情で心を見抜く技術

2010年5月24日　第1版第1刷

著　者　佐藤綾子
発行者　安藤卓
発行所　株式会社PHP研究所
東京本部　〒102-8331　千代田区一番町21
文庫出版部　☎03-3239-6259(編集)
普及一部　☎03-3239-6233(販売)
京都本部　〒601-8411　京都市南区西九条北ノ内町11
PHP INTERFACE　http://www.php.co.jp/
組　版　朝日メディアインターナショナル株式会社
印刷所
製本所　凸版印刷株式会社

ISBN978-4-569-67408-7

PHP文庫好評既刊

成功への情熱 ―PASSION―

稲盛和夫 著

一代で京セラを造り上げ、次々と新事業に挑戦する著者の、人生、ビジネスにおける成功への生き方とは？　ロングセラー待望の文庫化。

定価五八〇円
（本体五五二円）
税五％

PHP文庫好評既刊

1日5時間で仕事を片づける人の習慣術

知的生産研究会 著

目先の仕事の処理だけで一日が終ってしまうというあなた、一から仕事のやり方を見直してみませんか！ 目からウロコの仕事術を満載！

定価五〇〇円
（本体四七六円）
税五％